中华诗词典藏

苏轼词
编年选注

张海鸥 选注

中国出版集团有限公司
华文出版社

图书在版编目（CIP）数据

苏轼词编年选注 / 张海鸥选注. -- 北京 : 华文出版社, 2025. 7. -- ISBN 978-7-5075-6196-8
Ⅰ. I222.844
中国国家版本馆CIP数据核字第20257V4S74号

苏轼词编年选注

SUSHI CI BIANNIAN XUANZHU

选　　注：	张海鸥
责任编辑：	吴文娟
出版发行：	华文出版社
	（北京市丰台区右外西路2号　100069）
电　　话：	总 编 室 010-59900723　发 行 部 010-59900727
	责任编辑 010-59900709
经　　销：	新华书店
印　　刷：	三河市航远印刷有限公司
开　　本：	880mm×1230mm　1/32
印　　张：	7.375
字　　数：	180千字
版　　次：	2025年7月第1版
印　　次：	2025年7月第1次印刷
标准书号：	ISBN 978-7-5075-6196-8
定　　价：	58.00元

版权所有，侵权必究

导　读

苏轼（1037—1101），字子瞻，号东坡居士，四川眉山人，苏洵之子。宋仁宗嘉祐二年（1057）与弟苏辙同登进士第。嘉祐六年（1061）八月，苏轼考"贤良方正能言极谏科"，入第三等（即最高等级），授大理评事，凤翔府签判。之后累官杭州通判，知密州、徐州、湖州。神宗元丰三年（1080）御史台兴"乌台诗案"，苏轼被以"谤讪朝廷"罪贬为黄州团练副使。元祐初，哲宗年幼，高太后主政，起用苏轼，累官中书舍人、翰林学士、礼部尚书。但苏轼又不赞成司马光尽废新法，因政见不合，就自请外任，并从此特别讨厌朝廷的党派倾轧，一直不愿回朝为官。先后知杭州、颍州、扬州、定州。高太后去世，哲宗亲政，改元绍圣，罢黜"元祐党人"，苏轼于绍圣初年（1094）谪居惠州，居惠三年多。绍圣四年（1097）四月再贬儋州，居儋三年。徽宗即位，遇赦北归。建中靖国元年（1101）七月二十八日卒于常州。南宋高宗朝赠太师，谥文忠。今存《东坡全集》一百十五卷。

苏轼性格坦率，真诚乐观，处世态度随缘自适，思想丰富、通达,儒、道、释兼融。他是罕见的天才、全才,是思想家又是文学家,博擅众艺,著述丰富,其诗、词、文章都代表宋代文学的最高水平。今存诗二千七百余首、词三百四十多首、文四千多篇。

苏词未编入《东坡全集》,另编为《东坡乐府》。现存宋代苏词版本,最早是曾慥所编《东坡先生长短句》,稍后有傅幹《注坡词》。近现代版本主要有:

朱祖谋《彊村丛书》本收《东坡乐府》三百四十三首(商务印书馆1936年线装版二册)

龙榆生据此作《东坡乐府笺》(商务印书馆1958年出版线装本、上海古籍出版社2009年7月出版"中国古典文学丛书"本署名朱孝臧编年、龙榆生校笺、朱怀春标点)

台湾曹树铭校编《东坡词》(台湾万有图书公司1968年)

石声淮、唐玲玲《东坡乐府编年笺注》(华东师范大学出版社1990年)

薛瑞生《东坡词编年笺证》(三秦出版社1998年9月)

邹同庆、王宗堂《苏轼词编年校注》(中华书局2002年9月)

(本书简称:傅《注》、龙《笺》、曹编《东坡词》、石唐《笺注》、薛《笺证》、邹王《校注》)

苏轼何时开始写词呢?薛《笺证》认为苏轼《浣溪沙》(山色横侵)可能作于嘉祐五年(1060)正月路过荆州时,此时苏轼二十五岁。苏轼年轻时可能写过词,但时间判断的依据不太清晰,较难确定。他开始大量写词肯定是在通判杭州(1071—

1074)时,那时他三十六至三十九岁。当时他写词主要学三家:欧阳修、张先、柳永。他在赴杭途中先去颍州拜访老师欧阳修,欧公必以自家保留节目《采桑子》十首联章演唱招待客人。离颍赴杭路上,苏轼就写了《南歌子》二首联章词用于宴席间演唱。他对欧公的词很熟悉,倅杭三年间所作五十多首词中,与欧公所用词调相同者十六调三十二首。比苏轼年长四十六岁的著名词人张先本已退居湖州,但苏轼到杭,他便从湖州来杭,与杭州太守及苏轼等文士往来密切,杭州因而形成了以苏轼为中心的词人群体,目前有词可考者十二人,其中苏轼作词最多,五十四首。苏轼对柳永词也很熟悉。他虽未见过柳永,但其词明显受到柳词影响,风格、词调、叙事章法等方面皆有体现。苏轼对前辈词家不只是学习,更有能力超越之。实际上,苏轼词很快便自成一家,而且达到了很高境界。

他"以诗为词",大凡纪游、怀古、赠答、送别、说理等,一切生活和心情皆可入词,从而扩大了词的内容和题材,凡诗能写者,皆可入词。诗的章法句法字词之法,诗的风格、意境、叙事方式,于词亦然。所以,后人读苏轼的诗和词,除了文体形式不同,其他并无明显区别。他还大量使用词题和词序,增强了词的叙事功能。他继柳永之后大量写作长调,使长调大兴。他的各种艺术实践,放开了词的功能,提升了词的艺术境界和文体地位。前人说他的词"一洗绮罗香泽之态,摆脱绸缪宛转之度"(胡寅《题酒边词》),"指出向上一路"(王灼《碧鸡漫志》)。

苏轼词风格多样,婉约、旷达、清新、豪放词皆有之。词学史常说苏轼开创了豪放词派,已成定论。苏轼确实是豪放词的开创者和最具标志性的代表。他的豪放词代表是密州所作《江城子》（老夫聊发少年狂）和黄州所作《念奴娇》（大江东去），但他第一首具有豪放风格的词是比《江城子》早一年作于湖州的《南乡子·赠行》，词之上阕已经具备"豪放"的典型特质——豪迈奔放，淋漓尽致："旌旆满江湖。诏发楼船万舳舻。投笔将军因笑我，迂儒。帕首腰刀是丈夫。"

苏词有时不拘泥于传统的音律格式，被时人戏称为"曲子中缚不住者"，他自己也谦称"曲不如人"。实际上他的词绝大多数格律严谨，不合音律之处很少。他还创制过《华清引》《荷花媚》等词牌，可见他深解音律。

词学家常用婉约、豪放来概括词的风格。婉约大致是含蓄委婉、言不尽意、意在言外。用"婉约词"的基本特征来审视苏轼词，多数是不太合适的。苏轼的性格一点儿也不"婉约"，他的词通常也不"婉约"，比如许多人认为是婉约词代表作的《水龙吟·次韵章质夫杨花词》，其实并不"婉约"，此词咏杨花而隐喻人生之漂泊无奈，并非含蓄委婉、点到则止的表达风格。

词在唐五代时期，基本是类型化歌唱。从柳永开始向文人个性化转变，经范仲淹、晏殊、欧阳修等人书写个人生活场景和心情意绪，到苏轼手里，这个转变基本完成了。

读苏轼词，有助于了解那个时代的方方面面。比如朝廷党派斗争，仕途之变化莫测。本书选了苏轼作于元祐末年的两首《行香子》"三入承明"和"清夜无尘"，可见他对仕宦风险的反思和厌倦。又比如词在日常生活中演唱的场景，熙宁四年（1071），苏轼赴杭州时途经楚州（今江苏淮安），楚州太守设宴招待，命两位歌女歌舞助兴，苏轼当场作两首《南歌子》分别赠之，令人想象歌女演唱新词的情景。《采桑子·润州多景楼与孙巨源相遇》描写文士宴席听歌的观感："停杯且听琵琶语，细捻轻拢。醉脸春融。斜照江天一抹红。"在黄州，太守徐君猷常命官妓或家妓侍宴演唱助兴，苏轼也一一赠词，既赞美她们的美貌，也描写她们载歌载舞的情景。晚年谪居惠州，苏轼偶尔也作词命自家爱妾王朝云演唱。苏轼许多联章词中，隐约可见歌舞元素，令人想象宋代文人生活中的风雅场景。

苏轼有许多词是赠予亲人或朋友的，比如写给苏辙的《水调歌头》《西江月》等多首。关于王朝云的词最多，或赞美，或宽慰，或悼念，本书惠州部分集中选入《蝶恋花》《殢人娇》等七首。本书所选一百一十六首词中，写给朋友的词至少三分之一以上。比如他倅杭时期赠送太守陈述古、杨元素词各十余首，本书选入几首。他任杭州、颍州、扬州太守时与苏伯固相关的词十余首，内容涉及政事、生活、心情。他的《八声甘州·赠参寥子》（有情风、万里卷潮来），深情厚谊感人。写给大通禅师（善本）的《南歌子》（师唱谁家曲），幽默风趣，深具人生智慧。写给王定国夫妻的《定风波》（常羡人间琢玉郎），将"此心安处是吾乡"的生活哲理表达得鲜活生动，优美深致。历史如大浪淘沙，许多人根本留不下任何痕迹，但与苏轼交往，有幸进入他的诗词文章，这些人便具备了不朽的生命意蕴。

苏轼用词展示了那个时代许多城市乡村的风貌，不只是黄州、惠州、儋州，凡他所见所赏，往往便与人类分享，华清池"独留烟树苍苍"，西子湖畔"凤凰山下雨初晴。水风清，晚霞明""湖山信是东南美。一望弥千里"。《望江南·超然台作》写密州:"春未老,风细柳斜斜。试上超然台上望,半壕春水一城花。烟雨暗千家。"《南歌子·湖州作》:"山雨潇潇过,溪桥浏浏清。小园幽榭枕苹汀。门外月华如水、彩舟横。苕岸霜花尽,江湖雪阵平。两山遥指海门青。回首水云何处、觅孤城。"黄州的山水田园在他笔下活色生香,"林断山明竹隐墙。乱蝉衰草小池塘。翻空白鸟时时见,照水红蕖细细香"。他在那里"认得岷峨春雪浪,初来。万顷蒲萄涨渌醅"。他在那里"醉眠芳草""倚杖听江声",忘情地欣赏"雪堂西畔暗泉鸣。北山倾。小溪横。南望亭丘,孤秀耸曾城"。

  苏词中对历史人生的思考,以及基于各种思考之后确定的生活态度、乐观精神,对人类深有启发。他常说人生如梦,不是虚无,而是短暂,其来难料,其去难留。那么个体人生如何自处呢?热爱、珍惜、超脱、快乐,这是他自己的生活妙诀,也是他对人类提出的温馨劝导。"诗酒趁年华",人生要有文化,有激情,快乐地度过每一寸时光。苏轼善于化解忧伤苦闷,乐观而且感恩地生活。他的智慧和情怀在词中表现得缤纷多彩,细致生动。本书最后选入苏轼在海南儋州所作《千秋岁·次韵少游》,这首词是苏轼历经磨难后的政治自白,也是他人生思考的最终结晶。

  苏词的情怀最为感人,其中有丰富真切的喜怒哀乐、悲欢离合。他对生活、生命满怀热爱珍惜之情,对人对事多有亲切和感恩之心,较少怨怒之意,更无仇恨。他的词真切地映现了他从中年到晚年的情绪变化,情怀波动,在在感人。比如,他倅杭期间出差润州收到妻子的信,乃作《减字木兰花·得书》:"香笺一纸。写尽回文机上意。欲卷重开。读遍千回与万回。"将夫妻离别相思之情写得温馨亲切。在密州作《江城子》："十年生死两茫茫，不思量，自难忘……"将悼念亡妻之意写得淋漓尽致。在惠州朝云病重和去世前后所作若干词篇，情深意长，催人泪下。他和朋友相处也坦诚真挚，情浓意重。当代苏学泰斗王水照先生说："古代作家中，能够持久地跟同时代和后世的人们建立起亲切动人关系者并不多，苏轼却是其中突出的一位。"他"是现世性和超越性水乳交融在一起的一位智者"（王水照《苏轼研究》自序《走近"苏海"》，河北教育出版社1999年5月第1版第3页）。

苏轼是人类的优秀典范，他丰富、博大、精深，如山高如水长，海涵地负又和霭可亲。阅读苏轼，要读懂他民胞物与的博爱情怀、苦中作乐的生活态度、立德立言的诗意生存。苏轼是人类永远的榜样，亲切又清高，乐观又优雅。阅读苏轼有三个关键词：热爱生命、快乐生活、诗意生存。这是苏轼精神世界的三大内涵，三大支柱。

苏轼的影响巨大而深远。在欧阳修之后数十年间，他是思想领袖，是文学界的泰山北斗。比如他将联章词演唱娱乐活动从京城带到各地，从宫廷官府带到山水之间。咏唱和平时代崇文盛世中各阶层人的生活状况、精神风貌、情怀意趣。苏门弟子秦观、赵令畤、毛滂等人纷纷效仿，衍为一代风会，宫廷中都引为时尚。又比如他的豪放词，影响了从北宋到南宋，乃至千年词坛。他的《念奴娇·赤壁怀古》和《水调歌头》（明月几时有），在千年词史上唱和频次最高。无论在当时还是后世，在词坛影响最大的人，非苏轼莫属。

2000年法国《世界报》特辟专栏纪念"千年人物",连载全世界十二位生活在十世纪的杰出人物,之后编辑成书《千年英雄》。苏轼是唯一入选的中国人。作者让-皮埃尔·朗日里耶是《世界报》记者,2017年他来眉山市参加东坡文化学术论坛,提交的论文译为汉语,大意说选择苏轼是由几位法国汉学家共同推荐的。他阅读苏轼,认为苏轼是高智商天才、学者型官员,是工程师、水利专家、建筑师,为官时修建学校、堤坝、公立医院,是中国历史上最杰出的人物之一,是伟大而全面的文学家。其文在《世界报》发表后,时任法国总统希拉克给他打电话长谈了苏东坡。[参见《首届东坡文化国际高峰学术论坛论文集》(未出版)第697—698页]

苏轼存世的三百四十多首词,大部分编年清晰,源于他真实的生活场景中,携带着丰富生动的故事。本书专选编年比较确定的词共一百一十六首,按时序先后排列,以方便读者阅读理解他的生活轨迹、心路历程。

出版社提出此书要面向大众读者,不宜太深太专太学术,须遵从丛书的体例设计。如此,则本书从苏轼现存三百多首词中挑选,最终的选目略能体现笔者阅读苏词的倾向。注释则主要依照邹王《校注》,并参考龙《笺》、薛《笺证》等著本,在此谨致谢忱。导读部分是笔者多年阅读苏轼、阅读苏词的心得体会,参考了前人或今人研究苏学的许多成果,其中参考最多的是业师王水照先生及王门弟子如朱刚、崔铭等人研究苏轼的成果。

张海鸥于甲辰暮春

目　录

华清引（平时十月幸兰汤）　　　　　　　001
南歌子（绀绾双蟠髻）　　　　　　　　　002
南歌子（琥珀装腰佩）　　　　　　　　　003
江神子（凤凰山下雨初晴）　　　　　　　005
江城子（玉人家在凤凰山）　　　　　　　007
减字木兰花（晓来风细）　　　　　　　　008
行香子（携手江村）　　　　　　　　　　010
少年游（去年相送）　　　　　　　　　　012
蝶恋花（雨过春容清更丽）　　　　　　　014
醉落魄（轻云微月）　　　　　　　　　　016
虞美人（湖山信是东南美）　　　　　　　017
诉衷情（钱塘风景古来奇）　　　　　　　019
南乡子（回首乱山横）　　　　　　　　　021
南乡子（旌旆满江湖）　　　　　　　　　023
南乡子（东武望余杭）　　　　　　　　　025

定风波（千古风流阮步兵）	027
醉落魄（分携如昨）	029
采桑子（多情多感仍多病）	030
沁园春（孤馆灯青）	032
蝶恋花（灯火钱塘三五夜）	034
江城子（十年生死两茫茫）	035
江城子（老夫聊发少年狂）	037
满江红（天岂无情）	040
望江南（春未老）	041
水调歌头（明月几时有）	043
江城子（前瞻马耳九仙山）	046
江城子（相逢不觉又初寒）	048
水调歌头（安石在东海）	050
临江仙（自古相从休务日）	052
蝶恋花（簌簌无风花自䦆）	054
浣溪沙（照日深红暖见鱼）	056
浣溪沙（旋抹红妆看使君）	057
浣溪沙（麻叶层层苘叶光）	057
浣溪沙（簌簌衣巾落枣花）	057
浣溪沙（软草平莎过雨新）	058
蝶恋花（别酒劝君君一醉）	059
永遇乐（明月如霜）	062
江城子（天涯流落思无穷）	064
减字木兰花（玉觞无味）	066

西江月（三过平山堂下）	067
南歌子（山雨潇潇过）	069
卜算子（缺月挂疏桐）	071
南歌子（寸恨谁云短）	073
南乡子（晚景落琼杯）	074
水龙吟（似花还似非花）	076
南乡子（霜降水痕收）	078
满江红（江汉西来）	080
江城子（梦中了了醉中醒）	082
定风波（莫听穿林打叶声）	084
浣溪沙（山下兰芽短浸溪）	086
西江月（照野弥弥浅浪）	088
念奴娇（大江东去）	090
洞仙歌（冰肌玉骨）	092
念奴娇（凭高眺远）	095
醉蓬莱（笑劳生一梦）	097
醉翁操（琅然）	099
满庭芳（蜗角虚名）	102
定风波（好睡慵开莫厌迟）	103
临江仙（夜饮东坡醒复醉）	105
满庭芳（三十三年）	107
鹧鸪天（林断山明竹隐墙）	109
十拍子（白酒新开九酝）	110
水调歌头（落日绣帘卷）	112

减字木兰花（神闲意定）	114
满庭芳（归去来兮）	116
阮郎归（绿槐高柳咽新蝉）	118
水龙吟（露寒烟冷蒹葭老）	119
减字木兰花（郑庄好客）	121
南歌子（欲执河梁手）	123
菩萨蛮（买田阳羡吾将老）	125
虞美人（波声拍枕长淮晓）	126
浣溪沙（细雨斜风作晓寒）	128
水龙吟（古来云海茫茫）	130
满庭芳（三十三年）	134
满庭芳（归去来兮）	136
蝶恋花（云水萦回溪上路）	138
定风波（常羡人间琢玉郎）	140
如梦令（为向东坡传语）	143
如梦令（手种堂前桃李）	143
哨遍（睡起画堂）	145
西江月（莫叹平齐落落）	147
行香子（绮席才终）	149
点绛唇（我辈情钟）	151
临江仙（多病休文都瘦损）	153
南歌子（山与歌眉敛）	155
鹊桥仙（乘槎归去）	156
南歌子（海上乘槎侣）	158

南歌子（苒苒中秋过） 159

南歌子（师唱谁家曲） 161

贺新郎（乳燕飞华屋） 163

减字木兰花（云容皓白） 165

临江仙（一别都门三改火） 168

八声甘州（有情风） 170

定风波（月满苕溪照夜堂） 173

临江仙（我劝髯张归去好） 176

蝶恋花（春事阑珊芳草歇） 178

临江仙（尊酒何人怀李白） 180

满江红（清颍东流） 181

木兰花令（霜余已失长淮阔） 184

减字木兰花（春庭月午） 185

生查子（三度别君来） 187

青玉案（三年枕上吴中路） 189

行香子（三入承明） 191

行香子（清夜无尘） 193

木兰花令（梧桐叶上三更雨） 194

浣溪沙（罗袜空飞洛浦尘） 196

西江月（马趁香微路远） 198

临江仙（九十日春都过了） 200

蝶恋花（花褪残红青杏小） 201

殢人娇（白发苍颜） 203

浣溪沙（轻汗微微透碧纨） 206

浣溪沙（入袂轻风不破尘）	206
三部乐（美人如月）	208
雨中花慢（嫩脸羞蛾）	210
西江月（玉骨那愁瘴雾）	212
西江月（世事一场大梦）	214
千秋岁（岛边天外）	216

华清引①

平时十月幸兰汤②。

玉甃琼梁③。

五家车马如水,珠玑满路旁④。

翠华一去掩方床⑤。

独留烟树苍苍。

至今清夜月,依前过缭墙⑥。

【注释】

①苏轼作词始于何时何地?尚无定论。此词或作于宋英宗治平元年(1064)十二月,苏轼凤翔府签判任满回京,途经骊山时。薛《笺证》和邹王《校注》皆系年于此。《华清引》词牌是苏轼首创。　②《旧唐书·玄宗本纪下》:天宝六载(747)冬十月改温泉宫为华清宫,至天宝十四载(755),每年十月"幸华清宫"。兰汤:指华清宫莲花汤,即温泉浴室。　③ [唐] 郑处诲《明皇杂录》卷下:"于宫中置长汤屋数十间,环回甃以文石,为银镂漆船及白香木船置于其中,至于楫橹,皆饰以珠玉。"甃(zhòu):本指井壁,此指汤池壁。　④五家:指杨贵妃兄弟姐妹五家人。《旧唐书·杨贵妃传》:"玄宗每年十月幸华清宫,国忠姊妹五家扈从,每家为一队,着一色衣,五家合队,照映如百花之焕发,而遗钿坠舄,瑟瑟珠翠,璨斓芳馥于路。"　⑤翠华:天子仪仗中以

翠鸟羽毛为装饰的旗帜和车盖,此代指唐玄宗一行。掩:关闭。方床:此指皇帝御用之大床。　⑥缭墙:藤条盘绕的围墙。

【评析】

苏轼自谦"曲不如人"。李清照《词论》说苏词是"句读不葺之诗"。吴曾《能改斋漫录》说"苏东坡词,人谓多不谐音律,然居士词横放杰出,自是曲子中缚不住者"。苏轼也自谦"曲不如人"。这些说法容易给人以苏轼不太精通音律的印象。苏轼创制过《华清引》《荷花媚》等词牌,说明他的音乐修养和词牌格律造诣非浅。他使用已成词牌填写歌词并常常付诸演唱,并非"曲不如人"。

此词咏史,用盛衰对比的结构咏叹帝妃故事。上片写唐玄宗带杨贵妃"幸兰汤"的豪华情景,下片感慨物是人非,往事如烟。苏轼诗词中有一个贯穿始终的话题于此已现端倪——人生如梦。释家说人生"六如":如梦、如幻、如泡、如影、如露、如电。苏轼不取其虚无之意,他说人生如梦,主要是说一切发生都转瞬即逝,其来难料,其去难留,回首如梦。

南歌子

楚守周豫出舞鬟,因作二首赠之①。

绀绾双蟠髻,云敧小偃巾②。

轻盈红脸小腰身。

叠鼓忽催花拍、斗精神③。

空阔轻红歇,风和约柳春④。

蓬山才调最清新⑤。

胜似缠头千锦、共藏珍⑥。

南歌子

琥珀装腰佩,龙香入领巾。

只应飞燕是前身⑦。

共看剥葱纤手、舞凝神⑧。

柳絮风前转,梅花雪里春。

鸳鸯翡翠两争新⑨。

但得周郎一顾、胜珠珍⑩。

【注释】

①熙宁四年(1071)十月作于楚州。 ②绀(gàn):微红青色。绾(wǎn):系结。云:此指舞女的黑发。欹(qī):叹美

词。偃（yǎn）巾：头巾。这两句描写舞女用青红色发带扎起两个鬟髻，还佩戴小巧的头巾。　③［宋］傅幹《注坡词》："今乐府，大鼓则有叠奏之声，曲拍则有花十八花九之数，盖舞曲至于叠鼓花拍之际，其妙在此，故曰'斗精神'。"　④形容舞姿轻盈如飞红在空中飘落，如细柳在春风中摇曳。　⑤蓬山是传说中的海上仙山。李商隐诗："蓬山此去无多路"（《无题》）、"贾生才调更无伦"（《贾生》）。此句赞美现场的才子佳人。　⑥缠头千锦：赏给歌舞艺人的锦缎。此句说座中文士对舞女的赞美之词胜似锦缎缠头。　⑦汉成帝的皇后赵飞燕体态轻盈擅长歌舞。　⑧《古诗为焦仲卿妻作·孔雀东南飞》："指如削葱根，口如含朱丹。"白居易《筝》："双眸剪秋水，十指剥春葱。"　⑨这句描写舞女服装绣有鸳鸯鸟、翡翠鸟。　⑩这句既赞美舞女，也赞美东道主。《三国志·吴书·周瑜传》："瑜少精意于音乐，虽三爵之后，其有阙误，瑜必知之，知之必顾，故时人谣曰：'曲有误，周郎顾'。"

【评析】

苏轼赴杭州通判任，途经楚州，太守周豫设宴款待并请两位舞女佐欢。苏轼为二女各作一词，赞美舞女和东道主。之前九月间，苏轼和苏辙到颍州看望恩师欧阳修（师生最后一见，次年欧公去世），欧公必以鼓子词《采桑子》十首联章演唱招待嘉宾。之前欧公的恩师晏殊谪居颍州曾作鼓子词《渔家傲》十二首联章演唱。晏、欧联章词演唱娱宾，或许影响了苏轼，这两首《南歌子》同格同韵，可供现场联章演唱之用。词中"叠鼓忽催花拍"正是宋词演唱的标志性描述。两首词令人想象北宋词联章演唱场景。

江神子

湖上与张先同赋,时闻弹筝①

凤凰山下雨初晴②。
水风清。
晚霞明。
一朵芙蓉,开过尚盈盈③。
何处飞来双白鹭,如有意,慕娉婷④。

忽闻江上弄哀筝。
苦含情。遣谁听?
烟敛云收,依约是湘灵⑤。
欲待曲终寻问取,人不见,数峰青。

【注释】

①"江神子"即"江城子"。熙宁六年(1073)夏作于杭州。张先(990—1078),字子野,浙江湖州人。[宋]袁文《瓮牖闲评》卷五:"东坡倅钱塘日,忽刘贡父相访,因拉与同游西湖。时二刘方在服制中。至湖心,有小舟翩然至前。一妇人甚佳,见东坡,自叙少年景慕高名,以在室无由得见,今已嫁为民妻,闻公游湖,不避罪而来,善弹筝,愿献一曲,辄求一小词以为终身之荣,可乎?东坡不能却,援笔而成,与之。其词即《江城

子》。"服制,此指服丧。 ②凤凰山:《淳祐临安志》卷八:凤凰山在城中钱塘旧治正南一十里,下瞰大江,直望海门。山下有凤凰门,有雁池。 ③一朵芙蓉:喻舟中弹筝女子。芙蓉即荷花。 ④双白鹭:喻刘贡父兄弟,正服丧着白衣。[宋]张邦基《墨庄漫录》卷一:"湖心有一彩舟渐近亭前,靓妆数人,中有一人尤丽,方鼓筝,年且三十余,风韵娴雅,绰有态度。二客竞目送之。"这几句调侃刘氏兄弟见到佳丽就看傻眼了。 ⑤湘灵:湘水女神。此指弹筝女子。

【评析】

　　张先比苏轼年长四十六岁,都是文采风流的天才诗人,忘年相惜。因苏轼倅杭,本已退居湖州的张先便常来杭州雅集甚至长住。太守陈襄也是风雅诗人,一时便聚集了许多文人雅士。这天苏轼正与张先在美丽的西湖赏景玩诗,刘贡父兄弟身着白衣(服丧)出场,恰有艺女弹筝助兴,便有了精彩的故事和这首精彩的词。雨后的西湖风清水净霞明,更有美人弹筝。苏轼将情景和故事渲染得有声有色有细节,顺便调侃朋友,幽默风趣。情景恍如仙境,美不胜收,还有些许惆怅。笔记之文本是闲散文字,许多来自传闻,比较八卦。这里所载故事,显然是将苏轼传奇化了。

江城子

陈直方妾嵇,钱塘人也。丐新词,为作此。钱塘人好唱《陌上花》缓缓曲,余尝作数绝,以纪其事矣①。

玉人家在凤凰山②。

水云间。

掩门关。

门外行人,立马看弓弯③。

十里春风谁指似④,斜日映,绣帘斑。

多情好事与君还⑤。

悯新鳏⑥。

拭余潸⑦。

明月空江,香雾着云鬟。

陌上花开春尽也,闻旧曲,破朱颜⑧。

【注释】

①陈直方名珪,时任杭州司户,与苏轼同僚。嵇可能是陈妾的姓氏。丐:乞求,讨要。"余尝作数绝,以纪其事矣":《苏轼诗集》卷十有《陌上花三首并引》,每首尾句都用"缓缓"二字。 ②玉人:美人,指陈妾嵇。 ③弓弯:形容舞姿。 ④

指似：指点。 ⑤此句言陈妾嵇重情，随夫君离杭州还乡省亲。 ⑥陈直方新丧正妻，妾怜悯之。新鳏：男丧妻称鳏（女丧夫称寡）。 ⑦渍：泪水。 ⑧此句说陈妻已逝，人们听到她喜欢的《陌上花》缓缓旧曲，不免流泪。破朱颜：惆怅流泪。

【评析】

苏轼善于体察人之美丽和事之雅趣，并能叙述得流畅优美，有声有色，妙趣盈盈。故事中的玉人形神俱佳，能歌善舞，重情尚义，柔怀似水。上片说她居住在杭州城凤凰山下，日常歌舞美丽着一方山水。下片说她随夫还乡省亲治丧，一路行程温润了一乡故事。在苏轼笔下，一切都美得熠熠生辉。难怪人见了他就"丐新词""求一小词以为终身之荣"。

苏轼善用典故，用得如盐入水。比如歌拍用杜牧《赠别》诗赞美青春玉人："春风十里扬州路，卷上珠帘总不如。""香雾"句用杜甫《月夜》诗赞美月光恋人："香雾云鬟湿，清辉玉臂寒。"都十分贴切，优美自然。

减字木兰花

得书①

晓来风细。
不会鹊声来报喜②。

却羡寒梅。
先觉春风一夜来③。

香笺一纸④。
写尽回文机上意⑤。
欲卷重开。
读遍千回与万回。

【注释】

①熙宁七年（1074）正月初一作于丹阳。苏轼于前一年十月奉命往常、润、苏、秀一带赈济饥民，至此已离家三个月，忽收到妻子（王闰之）的信。 ②不会：不料，没想到。王仁裕《开元天宝遗事·灵鹊报喜》，"时人之家闻鹊声，皆为喜兆"。 ③先觉春风一夜来：这一年正月初二立春，初一收到妻子的信，因称"先觉"，暖如春风。 ④香笺：对女性信笺的美称。 ⑤回文：《晋书》卷九六有《窦滔妻苏氏传》，苏蕙"字若兰。善属文。滔，符坚时为秦州刺史，被徙流沙，苏氏思之，织锦为回文旋图诗以赠滔。宛转循环以读之，词甚凄婉，凡八百四十字"。回文体诗歌有多种：有通篇回文，即全篇顺读或倒读意思都通。有前后段落回文者，即后段以前段之尾为开头，倒回去亦成一段。有上下句回文者，即前句顺序，后句倒过来，意皆可通。苏轼这里说"写尽回文机上意"，非指回文形式，而是用苏蕙思念丈夫的故事，说妻子来信写了许多思念之意。

【评析】

　　这是一首表达夫妻离别相思之意的抒情词。王闰之是苏轼第二任妻子,此时在杭州。春节到了,苏轼却因公务在外地不能回杭州与家人团聚,妻子便写信来。"写尽回文机上意",必然是许多思念之语,给漂泊异乡孤独寂寞的苏轼送来亲切温暖。苏轼爱不释手,"欲卷重开。读遍千回与万回"。

　　收到妻子的信,苏轼的回复应该不只是这首词,或许还有书信。同时他也给自己的长官陈述古太守写了首《行香子》词(见下),一并寄往杭州,希望早日回杭州与家人团聚,向长官交差。此番赈饥,苏轼写了多首想家之词(详下《卜算子》《蝶恋花》《醉落魄》《少年游》)。

行香子

丹阳寄述古[①]

携手江村。
梅雪飘裙。
情何限、处处销魂。
故人不见,旧曲重闻。
向望湖楼[②],孤山寺[③],涌金门[④]。

寻常行处，题诗千首⑤，绣罗衫、与拂红尘⑥。

别来相忆，知是何人。

有湖中月，江边柳，陇头云⑦。

【注释】

①苏轼于熙宁四年至七年（1071—1074）任杭州通判。熙宁六年（1073）十一月，苏轼赴润州（今江苏镇江）等地赈济饥荒。熙宁七年（1074）正月初一过丹阳，正值梅雪季节。丹阳属北宋两浙路润州丹阳郡，位于镇江东南部六十四里。述古即杭州太守陈襄，是苏轼的长官。　②望湖楼：在杭州西湖昭庆寺前，又名年经楼、先德楼。《乾道临安志》卷二："望湖楼，一名看经楼。乾德五年忠懿王钱氏建，去钱塘门一里。"　③孤山寺：在西湖孤山之南。田汝成《西湖浏览志》卷二："广化寺，或云即孤山寺，陈天嘉初建，名永福，宋时改为广化。"　④涌金门：宋代杭州城西门之一，即丰豫门。《西湖浏览志》卷三："涌金门，旧名丰豫门。宋时有丰乐楼与门相值，若屏障然，盖堪舆家以此当山水之冲。今移稍北，近柳洲寺。"又卷一三："涌金门，吴越王建，门内有涌金池，金华令曹杲所凿也。"　⑤题诗千首：意谓自己和陈述古在杭州各处名胜题写了许多诗词。"千首"是夸张语，或用杜牧诗典故。杜牧《登池州九峰楼寄张祜》："谁人得似张公子，千首诗轻万户侯。"　⑥绣罗衫与拂红尘：[宋]吴处厚《青箱杂记》卷六："世传魏野尝从莱公（寇准）游陕府僧舍，各有留题。后复同游，见莱公之诗已用碧纱笼护，而野诗独否，尘昏满壁。

时有从行官妓,颇慧黠,即以袂就拂之。野徐曰:'若得常将红袖拂,也应胜似碧纱笼。'莱公大笑。" ⑦西子湖之月,钱塘江之柳,孤山之云。陇:即冈垄,此指孤山。

【评析】

　　苏轼是熙宁四年(1071)十一月到达杭州通判任上,熙宁七年(1074)正月初一作此词时,已与太守陈襄同事两年多。陈比苏年长二十岁,政见相同。二人相处甚相得,公务之余,同游山水,常有诗词唱和。此时苏轼奉命在润州赈灾,正月初一也未能与家人和亲友相聚,不免思念。因而写词寄意。先怀想与陈在西湖同游情景,大意是说去年此时郊游,踏雪寻梅,那兴致太好了,令人销魂(陶醉)。但今日我在润州,您在杭州,谁陪您吟唱旧曲,游赏美景呢?真怀念同游题诗的时光。

　　此词情调浓郁,温馨优美。上下阕结构和意思近似,但并非简单重复,而是类似《诗经》复沓章法,反复咏叹。歌词自古以来就有这种复沓咏叹的格调。北宋词多用于歌唱,苏与陈都有此雅好。歌词写出复沓味道,正宜歌唱。

少年游

润州作代人寄远①

去年相送,余杭门外,飞雪似杨花②。

今年春尽,杨花似雪,犹不见还家③。

对酒卷帘邀明月,风露透窗纱。
恰似嫦娥怜双燕,分明照、画梁斜④。

【注释】

①熙宁七年(1074)四月作于润州(今江苏镇江)。题目原无"代人寄远"四字。王文诰《苏诗总案》卷一一一:"熙宁七年甲寅,四月,有感雪中行役,作《少年游》词。"又案:"公以去年十一月发临平,及是春尽,犹行役未归,故托为此词耳。" ②去年十一月离杭州赴润州赈饥,杭州已经下雪。余杭门:杭州城北门之一。 ③润州四月正是杨花(柳絮)飘零的季节。 ④嫦娥是月神,又称姮娥。《淮南子·览冥训》:"羿请不死之药于西王母,姮娥窃以奔月。"高诱注:姮娥是羿的妻子,偷吃了羿求来的灵药,奔月成仙。

【评析】

全词用对比手法,凸显想家思亲、孤独寂寞之情。两个"雪"字,标示两个地方、两个季节的漫长时光里从惜别到相思的故事。"犹"字意味深长,将"苦旅"之意含蓄其中。从杭州到润州,经冬历春,离别家人,羁旅行役,独自漂泊。下片用李白"举杯邀明月,对影成三人"之诗意,写出孤独感。孤独的嫦娥与双飞双宿的燕子对比,诉说有情人天各一方的凄凉和无奈。"怜"字微妙，谁比谁更可怜？谁比谁更值得同情呢？古诗词中常用嫦娥故事象征漫长生涯中幸福感缺失的问题，启发读者忖度长久的孤独和现世的幸福孰重孰轻？如李商隐诗"嫦娥应悔偷灵药，碧海青天夜夜心"。

蝶恋花

京口得乡书①

雨过春容清更丽②。
只有幽人③，幽恨终难洗。
北固山前三面水④，碧琼梳拥青螺髻⑤。

一纸乡书来万里。
问我何年，真个成归计⑥。
白首送春拼一醉⑦。东风吹破千行泪。

【注释】

① 题目一作"送春"。熙宁七年（1074）春作于京口。京口又称朱方、丹徒、延陵、润州，即今镇江市。《元和郡县志·卷二十六江南道·润州》："本春秋吴之朱方邑，始皇改为丹徒。汉

初为荆国,刘贾所封。后汉献帝建安十四年,孙权自吴理丹徒,号曰京城,今州是也。十六年迁都建业,以此为京口镇。""乡书来万里",应是老家眉山来信了。 ②"雨过"一作雨后。 ③幽人:幽静隐居之人。《易·履》:"履道坦坦,幽人贞吉。" ④北固山:又作北顾山。《元和郡县志》卷二十六:"北固山,在县北一里。下临长江,其势险固,因以为名。蔡谟谢安作镇,并于山上作府库储军实。……江今阔一十八里,春秋朔望有奔涛。魏文帝东征孙氏,临江叹曰:'固天所以限南北也。'"三面水:《太平寰宇记》卷八十九:"《南徐州记》云:城西北有别岭,斜入江,三面临水,号云北固……梁高祖云:……北望海口,实为壮观,以理而推,宜改为顾望之顾。" ⑤矗立在江水中的北固山,好像碧玉梳子梳理成的女子发髻。 ⑥真个:真的。 ⑦白首:一作回首。此时苏轼三十八岁,称白首有点夸张,不过苏轼的确是鬓发早斑之人。回首送别春天,也送别过往。拼(pīn)不是拚(pān),此处应是平声。这两个字意思相同,读音不同,一平一仄。

【评析】

幽人在苏轼的诗词文章出现四十五次,多数是自称,有些是称呼他人,主要是方外僧、道之士。幽人就是幽静隐居之人。苏轼因不赞成宋神宗和王安石变法,自请外任,仕途边缘化了。此时自称幽人,后来谪居黄州更常常自称"幽人无事不出门""时见幽人独往来,缥缈孤鸿影"。仕途边缘化,漂泊中寻找归宿,有点儿孤独,收到老家来信,引起思乡之情。但家乡太远,没有特别的事情轻易不能回。不是不想家,而是必须在仕途打拼,辛酸辛苦,有些无奈,但更多是自愿。人生通常如此,尤其是文人智者。结尾的"千行泪",正是这艰辛苦涩的复杂滋味。

醉落魄

离京口作①

轻云微月。

二更酒醒船初发。

孤城②回望苍烟合。

记得歌时③,不记归时节。

巾偏扇坠藤床滑。

觉来幽梦无人说④。

此生飘荡何时歇。

家在西南,长作东南别。

【注释】

①熙宁七年(1074)春作于京口。题目一作"述怀"。 ②孤城此处指京口。 ③此处一作"公子佳人"。 ④此二句写船中醉卧状态。幽梦:孤独者之梦。

【评析】

"家在西南,长作东南别"是秀句,写出背井离乡远离亲人的漂泊感。这是个转折句式,常被人借用为"家在……却作……别",表达人在故乡—家庭—离别之间的复杂心理。人们打拼追梦,心向高远,往往要远离故乡,暂别家庭。"此生飘荡何时歇"是人类永恒的困惑,半是情愿,半是无奈。

歇拍和煞拍是同样的转折结构:因贪玩而忘归,因追梦而漂泊。但细思其中的内在逻辑,贪玩忘归也是漂泊者聊以自慰、借酒消愁的行为,其中隐含着一些无奈。全词既有现场感,又呈现深切细微的漂泊思家之情。

虞美人

有美堂赠述古①

湖山信是东南美②。
一望弥千里③。
使君能得几回来④。
便使尊前醉倒、且徘徊⑤。

沙河塘里灯初上⑥。

水调谁家唱⑦。

夜阑风静欲归时⑧。

惟有一江明月、碧琉璃⑨。

【注释】

①熙宁四年（1071）七月作于杭州。题目一作"为杭守陈述古作"。有美堂：嘉祐二年（1057），学士梅挚任杭州太守。临行时宋仁宗赐诗，开头是"地有吴山美，东南第一州"。梅挚到任后，筑堂于杭州城内吴山上，取名有美堂。苏轼熙宁四年（1071）十一月至杭州通判任。太守陈襄（1017—1080），字述古，比苏轼年长二十岁。 ②湖山信是东南美：化用宋仁宗诗句。信：确实。 ③弥：满，遍。 ④使君：古代对太守、刺使的美称，此指陈述古。 ⑤尊：同"樽"，酒器。《国语·周语中》有"出其尊彝"。 ⑥沙河塘：在杭州城南五里，与钱塘江通，当时为闹市区。 ⑦水调：曲调名，是唐代流行的大曲。 ⑧夜阑：夜深。阑：尽，晚。 ⑨琉璃：半透明体有色石质，又作"流离""瑠璃"。此处比喻江水碧绿清澈。

【评析】

陈襄将离任，宴僚属于有美堂。[宋]傅幹《注坡词》卷八引《本事集》云："陈述古守杭，已及瓜代，未交前数日，宴僚佐于有美堂。侵夜，月色如练，前望浙江，后顾西湖，沙河塘正出其下，陈公慨然，请二车苏子瞻赋之，即席而就。"（二车即副职，苏轼时任杭州通判，是太守的副官）。

词写惜别。上阕先总写湖山之美，衬托送别太守之美意。下阕特写夜景，将惜别之意引向幽远深沉。

为何特点"水调"呢？[宋]郭茂倩《乐府诗集》卷七十九《水调歌第一》说《水调》是商曲，隋"炀帝幸江都时所制。曲成奏之，声韵怨切……故白居易诗云：'五言一遍最殷勤，调少情多似有因。不会当时翻曲意，此声肠断为何人'"。其后唐宋时期的《水调歌》多写惜别之意。苏轼"水调谁家唱"，含蓄地说杭州人惜别太守。

结尾两句是唐诗笔法，将目光和思绪引向高远迷离之处，增加更多不确定性，令人想象各种可能性。沈义父《乐府指迷》："结句需要放开，含有余不尽之意，以景结情最好。"

诉衷情

<small>送述古迓元素①</small>

钱塘风景古来奇。
太守例能诗②。
先驱负弩何在③，心已浙江西④。

花尽后，叶飞时。

雨凄凄⑤。

若为情绪，更问新官，向旧官啼⑥。

【注释】

①熙宁七年（1074）七月作于杭州，送太守陈襄离任，迎新太守杨绘。杨绘（1032—1116），字元素，绵竹（今属四川）人，宋仁宗嘉祐元年（1056）登进士第，历官至翰林学士、御史中丞。《宋史·杨绘传》："杨绘字元素，绵竹人。少而奇警，读书五行俱下，名闻西州……为开封推官，遇事迎刃而解……仁宗爱其才，欲超置侍从。执政见其年少，不用……安石用事，贤士多谢去……遂罢为侍读学士，知亳州，历应天府、杭州，再为翰林学士……元祐初，复天章阁待制再知杭州，卒年六十二。"晚年弃官居岭南海阳县，葬于仙桥钱岗山西北坡，今存杨绘墓，是揭阳市级文物保护单位。 ②唐代大诗人白居易曾任杭州刺史。时任太守陈襄、杨绘都擅作诗词。白居易守苏州，刘禹锡曾有诗云："苏州太守例能诗。" ③先驱负弩：古代下级迎接上级的仪式。《汉书·司马相如传》："拜相如为中郎将……至蜀，太守以下郊迎，县令负弩矢先驱，蜀人以为宠。""负弩矢先驱"即带着弓箭先行，类似"仪仗队"。 ④杨绘从南都（商丘）调来守杭，杭州官员仪仗队到钱塘江西去迎接。 ⑤雨凄凄：秋时凋零秋雨绵绵的时节。 ⑥若为：为难。这几句说欢迎新官，送别旧官，该怎样调整情绪呢？有点为难。

【评析】

"太守例能诗"真是好境界,这在古代并不罕见。唐宋时期杭州"太守例能诗"(白居易、陈襄、杨绘、苏轼),颍州"太守例能诗"(晏殊、欧阳修、苏轼),扬州"太守例能诗"(欧阳修、苏轼)。此词虽短,故事却很多很长,风景、季节、场面、人物、故事、心情……送旧迎新的情绪表达得特别耐人寻味。

南乡子

送述古①

回首乱山横。
不见居人只见城②。
谁似临平山上塔,亭亭③。
迎客西来送客行④。

归路晚风清。
一枕初寒梦不成。
今夜残灯斜照处,荧荧⑤。
秋雨晴时泪不晴。

【注释】

①熙宁七年（1074）七月，杭州太守陈襄（述古）移守南都（今河南商丘），苏轼与述古乘舟送至临平分手。 ②这两句写船离杭州，回头看见熟悉的群山和城郭。[唐]欧阳詹《初发太原途中寄太原所思》："驱马觉渐远，回头长路尘。高城已不见，况复城中人。" ③临平：杭州城外临钱塘江之山，山上有塔。苏轼《次韵杭人裴维甫》："余杭门外叶飞秋，尚记居人挽去舟，一别临平山上塔，五年云梦泽南州……" ④此句说塔立山头看行人东奔西走。 ⑤荧荧：光微弱。

【评析】

陈述古是儒者文士，擅诗文，每主政一地，首先重教兴学，甚至亲自讲学，还特别喜欢举荐提携人才。他与苏轼政见相同，情趣相投，相处三年，虽然年龄相差二十岁，职务有高低，但对天才的苏轼欣赏有加，十分器重。苏轼倅杭词有十一首与陈相关，其中九首题目有"述古"标示。读这些词可知二人相处情深，亲切随意。苏对陈十分敬重，对其离任依依不舍。

三年前，苏轼赴任杭州通判途中，与苏辙专程去看望恩师欧阳修，受恩师影响，开始大量写作歌词，出手便不俗。到杭州又与著名词人张先交往甚多，词艺很快达到一流水平。此词寓意深厚温润，流畅自然，表达巧妙，处处对比转折，冲击力强，现场感清晰，又含蓄幽邈。

南乡子

赠行①

旌旆满江湖②。
诏发楼船万舳舻③。
投笔将军因笑我,迂儒④。
帕首腰刀是丈夫⑤。

粉泪怨离居⑥。
喜子垂窗报捷书⑦。
试问伏波三万语,何如⑧。
一斛明珠换绿珠⑨。

【注释】

① 熙宁七年(1074)九月作于湖州。杭州太守杨绘(元素)上任不久又奉调回京。苏轼调任密州太守,因与杨同行离开杭州,经湖州看望湖州太守李常(公择),时张先(子野)、陈舜俞(令举)、刘述(孝叔)亦在。张先作《定风波令·六客词》述之。众文士于此盘桓数日,多有唱和。 ② 旌旆:旗帜,或指军旅。 ③ 楼船万舳舻:楼船是大船,像楼一样,有数层。舳舻泛指大小船只。 ④ 投笔将军:指东汉班超。《后汉书·班超传》:"为人有大志……涉猎书传……尝辍业投笔叹曰:'大丈夫无它志

略,犹当效傅介子、张骞立功异域,以取封侯,安能久事笔研间乎?"其后投笔从戎,随窦固出击北匈奴,又奉命出使西域,三十余年间平定西域五十多国,官至西域都护,封定远侯。 ⑤帕首腰刀:裹着头巾佩带弯刀。 ⑥粉泪怨离居:丈夫在外,妻子独居伤感。 ⑦喜子:蜘蛛。《诗经·东山》:"我徂东山,慆慆不归……蟏蛸在户……伊可怀也。""蟏蛸在户"是说蜘蛛挂在窗子上,预示有喜事。陆机疏:蟏蛸,"荆州河内人谓之喜母。此虫来着人衣,常有亲客至,有喜也。" ⑧伏波:汉代将军名号。受封"伏波将军"者有马援等。《后汉书》多有伏波将军事。 ⑨一斛明珠换绿珠:[唐]刘恂《岭表录异》卷中:"白州有一派水,出自双水山,合容州江,呼为绿珠井,在双角山下。昔梁氏之女有容貌,石季伦为交趾采访使,以真珠三斛买之。梁氏之居旧井存焉。"《晋书》卷三十三:石崇家歌伎绿珠美艳善吹笛,崇甚宠爱。孙秀求之不得,便设计陷害石崇,"矫诏收崇……崇谓绿珠曰:'我今为尔得罪。'绿珠泣曰:'当效死于官前。'因自投于楼下而死"。

【评析】

杨元素刚任杭州太守两个多月就奉调回京,传说可能去军中任职(后未果)。因而此词上片气势磅礴,情调豪迈壮浪,表达痛快淋漓,修辞刚健爽快,具有震撼的视觉和心灵的冲击力。这是典型的豪放风格,而不是婉约风格(含蓄委婉)。这是苏词中最早呈现豪放风格的词。一年后在密州,他写了《江城子·密州出猎》,被视为豪放词的标志(下详)。这首《南乡子》上下片是对比结构：上片写金戈铁马，下片写美人清泪。下片也不是伤感格调，而是说美人期盼英雄凯旋。这是典型的英雄美人模式，在送别将军的场合，立意恰当，情趣得体。

苏轼在另一首《南乡子》中说杨绘"痛饮又能诗"。杨比苏年长四岁，二人皆蜀人，相处三个月左右，苏轼迎元素、送元素、赠元素、和元素词有12首，可见友情颇深。

南乡子

和杨元素。时移守密州[①]

东武望余杭[②]。
云海天涯两杳茫。
何日功成名遂了，还乡[③]。
醉笑陪公三万场[④]。

不用诉离觞。
痛饮从来别有肠[⑤]。
今夜送归灯火冷，河塘。
堕泪羊公却姓杨[⑥]。

【注释】

①熙宁七年(1074)七月,杨绘(元素)接替陈襄为杭州知府。九月,苏轼由杭州通判调为密州知府。据王文诰《苏诗总案》卷十二载:九月二十日"往别南北山道友,同杨绘、鲁有开、陈舜俞至下天竺题壁。杨绘饯别于中和堂"。杨作《劝金船》《南乡子》送别苏轼,苏和二词。 ②东武:密州治所,今山东诸城。余杭:杭州。 ③《老子》:"功成名遂身退,天之道。" ④李白《襄阳歌》:"百年三万六千日,一日须倾三百杯。" ⑤《世说新语·任诞》王孝伯言:"名士不必须奇才,但使常得无事,痛饮酒,熟读《离骚》,便可称名士。" ⑥《晋书·羊祜传》:羊祜镇守襄阳时,勤政爱民,大兴学校。后人在他常游憩的岘山上为他立庙建碑,岁时享祭。望其碑者,莫不流涕。此以杨绘比羊祜。

【评析】

杨、苏都是蜀人,年龄只差四岁,都是才华横溢、有风怀雅趣的诗人,政见也相近,因而虽然相处只有三个多月,但友情深厚。杨绘所作《劝金船》《南乡子》今已无存,苏轼和韵作《劝金船》,"无情流水多情客……尊前莫怪歌声咽……欲问再来何岁,应有华发"。依依不舍。《南歌子》是苏轼很熟悉的词调,他之前作过几首,多用于歌唱。此词也必然由歌女在饯别席上演唱。一写仕宦离别身不由己之无奈,二写愿终生为友之意,三写诗酒风流名士情趣,四劝勉杨绘要做像羊祜那样的好太守。

定风波

送元素①

千古风流阮步兵②。

平生游宦爱东平③。

千里远来还不住④。

归去。

空留风韵照人清。

红粉尊前深懊恼⑤。

休道。

怎生留得许多情。

记得明年花絮乱⑥。

须看。

泛西湖是断肠声⑦。

【注释】

① 熙宁七年（1074）九月，杨元素奉调还朝，苏轼赴密州，同至湖州。时李公择、张子野、陈令举、刘孝叔等俱在，张先作《定风波令·次子瞻韵送元素内翰》："浴殿词臣亦议兵。禁中颇牧党羌平。诏卷促归难自缓。溪馆。彩花千数酒泉情。春草未青

秋叶暮。□去。一家行色万家情。可恨黄莺相识晚。望断。湖边亭上不闻声。"《定风波令·再次韵送子瞻》:"谈辨才疏堂上兵。画船齐岸暗潮平。万乘靴袍曾好问。须信。文章传口齿牙清。三百寺应游未遍。□算。湖山风物岂无情。不独渠丘歌叔度。行路。吴谣终日有余声。"张先送杨词和送苏词都是次苏词韵的。可知苏轼先作此调送杨元素。　②阮步兵:阮籍曾为步兵校尉,世称"阮步兵",是魏晋"竹林七贤"之一,大名士。　③《晋书·阮籍传》:"籍容貌瑰杰,志气宏放,傲然独得,任性不羁,而喜怒不形于色。或闭户视书累月不出,或登临山水经日忘归。博览群籍,尤好庄老。嗜酒能啸,善弹琴,当其得意,忽忘形骸……及文帝辅政,籍尝从容言于帝曰:'籍平生曾游东平,乐其土。'帝大悦,即拜东平相。籍乘驴到郡,坏府舍屏障,使内外相望。法令清简,旬日而还。帝引为大将军从事中郎。"　④此谓刚来就走了。　⑤歌女唱离别之歌。　⑥花絮乱:暮春时节。　⑦西湖一带到处都是怀念杨太守的歌声。

【评析】

"泛西湖是断肠声",用夸张的笔法写真实的赞美和留恋之意。杨元素天分甚高,才思敏捷,宋仁宗想破格提拔他到自己身边任侍从,执政大臣因为杨元素太年轻资历不够,就阻止了。苏轼与这位同乡才子惺惺相惜,但相处仅两个多月就得各奔东西,好无奈,好难舍。苏轼与前辈长官陈襄相处三年,敬且爱之,但给陈襄写的词也只有十一首。与杨短暂相处便离别,写了十二首词,将其与历史名人名士羊祜、阮籍等相提并论,可见偏爱敬重之意。

醉落魄

席上呈元素①

分携如昨②。

人生到处萍飘泊③。

偶然相聚还离索④。

多病多愁,须信从来错⑤。

尊前一笑休辞却。

天涯同是伤沦落。

故山犹负平生约⑥。

西望峨嵋,长羡归飞鹤⑦。

【注释】

① 熙宁七年(1074)十月作于润州。杨元素还京,苏轼赴密州,一起离杭经湖州至润州分手。 ② 分携:分别。熙宁四年(1071),苏轼通判杭州,离京时与杨元素分别。三年前分别的情景如在昨天,现在又将分别。 ③ 萍飘泊:喻人生像浮萍漂泊不定。 ④ 离索:离群索居。索:孤单独处。 ⑤ 多病多愁:苏轼此时方近不惑之年,诗词中多次自称多病,有时是真病了,但更多是说自己过于敏感,太重感情,容易因离别而多愁。 ⑥ 故山:指故乡。平生约:早定下的归乡之愿。 ⑦ 峨嵋:四川名

山，代指作者与杨绘的家乡（杨是四川绵竹人）。归飞鹤：飞回故乡的鹤。

【评析】

　　此词写朋友离别时的心情，"飘泊"是核心词。写人生如随风飘零的柳絮，如随水漂泊的浮萍，身不由己，也无可奈何，孤独和沦落都在所难免。惜别只是表层含义，"伤沦落"是深层感受，但作者的用意不止于此，他还想一笑了之，超越伤感，若能脱离仕宦回归故乡，身心都获得自由，那该多好！但做得到吗？从来就做不到，总是辜负这自由的愿望。这纠结与生命同在，与人类共存。

采桑子

润州多景楼与孙巨源相遇①

多情多感仍多病，多景楼中②。
尊酒相逢③。乐事回头一笑空。

停杯且听琵琶语，细捻轻拢④。
醉脸春融。斜照江天一抹红⑤。

【注释】

①熙宁七年（1074）十月，苏轼北行至润州（镇江），遇见好朋友孙巨源。[宋]傅幹《注坡词》引《本事集》云："润州甘露寺多景楼，天下之殊景也。甲寅仲冬，余（苏子瞻）同孙巨源、王正仲参会于此。有胡琴者，姿色尤好。三公皆一时英秀，景之秀，妓之妙，真为希遇。饮阑，巨源请于余曰：'残霞晚照，非奇才不尽。'余作此词。"孙洙（1031—1079），字巨源，广陵人，皇祐元年（1049）十八岁就登进士第。曾进策五十篇评论时政，被韩琦称赞为"今之贾谊"。他博学多才，文风典雅。熙宁四年（1071）出知海州，四十九岁病逝。有《孙贤良集》，已佚。《全宋词》录其词二首。《宋史》卷三二一有传可参。王正仲（1023—1101），名存《宋史》卷三四一有传：润州丹阳人，庆历六年（1046）登进士第，元丰元年为国史编修官，修起居注。　②多景楼：在镇江北固山甘露寺内，唐李德裕建寺，郡守陈天麟建楼。有江山第一楼之称，下临长江，三面环水，登楼四望，水阔天高。　③韩愈《赠郑兵曹》："樽酒相逢十载前，君为壮夫我少年。樽酒相逢十载后，我为壮夫君白首。"　④白居易《琵琶行》："轻拢慢捻抹复挑……今夜闻君琵琶语，如听仙乐耳暂明。"　⑤酒后面色红润春意融融，可与晚霞媲美。

【评析】

　　上片写知己相逢之乐，下片写琵琶女之美。首韵四个"多"字重叠，浓墨重彩地渲染两位天才敏感的文士情投意合，难得相逢。用韩愈诗典故，表达岁月不居人渐老之意。下片用白居易《琵琶行》典故，含蓄着"同是天涯沦落人"之意。"醉脸春融。斜照江天一抹红。"写的是琵琶女的风采神韵，也是座中人的心情意趣。景美人美心情美，超越尘俗忘却烦忧。无论穷达顺逆，智慧的苏轼总能把日子过得优雅滋润，把生活酝酿得温馨精彩，把心灵调理得快乐脱俗。

沁园春

赴密州早行马上寄子由①

孤馆灯青，野店鸡号，旅枕梦残②。
渐月华收练，晨霜耿耿，云山摛锦，朝露漙漙③。
世路无穷，劳生有限，似此区区长鲜欢④。
微吟罢，凭征鞍无语，往事千端。

当时共客长安⑤。
似二陆初来俱少年⑥。
有笔头千字，胸中万卷，致君尧舜，此事何难⑦。
用舍由时，行藏在我，袖手何妨闲处看⑧。
身长健，但优游卒岁，且斗尊前⑨。

【注释】

①熙宁七年（1074）十月作于由海州赴密州途中。当时苏辙（子由）在齐州（今济南）任著作佐郎。　②温庭筠《商山早行》："鸡声茅店月，人迹板桥霜。"　③月华：即月光。天亮了，月光渐收。耿耿：明亮。云山摛锦：朝霞映照群山，像铺开锦绣。漙漙：形容露水多。《诗·郑风·野有蔓草》："野有蔓草，零露漙兮。"　④区区长鲜欢：平凡的日子少有快乐。　⑤此以长安指京城。回想兄弟同在汴京的时光。　⑥二陆指西晋文士陆机、陆云兄弟。《晋书·陆云传》："（陆云）少与兄机齐名，虽文章不及机，而持论过之，号曰'二陆'。"　⑦《孟子·万章上》："由是以乐尧舜之道……欲就汤聘，以行其道，使君为尧舜之君，使民为尧舜之民。"杜甫《奉赠韦左丞丈二十二韵》："致君尧舜上，再使风俗淳。"致君尧舜就是帮助君王达到尧舜的境界，这是古代士人最高的社会理想。　⑧《论语·述而》："子谓颜渊曰：'用之则行，舍之则藏，唯我与尔有是夫。'"意思是说，君王重用我就好好干，不用就隐居静处。苏轼这里说：用或不用是时运，不由自主，但干不干却在自己，静待缘分就是了。　⑨保重身体，宽心生活，偶尔把酒快乐一番也挺好。

【评析】

与弟弟苏辙谈生活态度、处世哲学。苏轼二十岁写给弟弟的诗《和子由渑池怀旧》，表述儒道释融会贯通的生命哲学，说人生要像飞鸿那样自由、进取、随缘。他终生持守这种处世哲学，此词大意也是如此。上片说人生总是忙忙碌碌身不由己东奔西走,下片说兄弟俩本有致君尧舜的才能和理想,但现在却不受重用,那就想开点儿,保重身体,快乐生活吧。

蝶恋花

密州上元①

灯火钱塘三五夜②。
明月如霜,照见人如画。
帐底吹笙香吐麝③。
更无一点尘随马④。

寂寞山城人老也⑤。
击鼓吹箫,乍入农桑社⑥。
火冷灯稀霜露下。
昏昏雪意云垂野⑦。

【注释】

① 熙宁八年(1075)元宵节作于密州(今山东省诸城市)。上元:正月十五日元宵节,也叫上元节,因有观灯之风俗,亦称灯节。 ② 钱塘:指杭州。三五夜:每月十五日夜,此指元宵

节。　③元宵佳节，富贵人家帏帐盈盈，笙歌阵阵，香气袅袅。麝香，是名贵的香料。　④杭州温润清凉干净，车马无尘。　⑤山城：指密州。　⑥密州元宵节远不及杭州元宵节热闹，只有农家祭祀时才可能击鼓吹箫。农桑社：农家祭祀活动。王维《凉州郊外游望》："婆娑依里社，箫鼓赛田神。"　⑦尾韵说密州元宵节清冷空旷。

【评析】

　　苏轼刚到密州任太守一年。时值元宵佳节，作者将杭州和密州对比，上片写杭州上元节灯火繁华，市井富庶，有声有色。下片"人老也"使情调陡然转为清冷寂寞，冷清的不只是气候，更是心情。宋神宗重用王安石变法，苏轼基本不赞成，曾不止一次上书神宗，或针对一件事，或全面批评变法。王安石自然很不愉快，神宗也依然坚持变法。苏轼只好自请外任，通判杭州就是他仕途边缘化的开始。改任密州太守，职位提升了，但政治处境依旧。从繁华的杭州到偏僻的密州，他内心的孤独感日益加深。

江城子

乙卯正月二十日夜记梦①

十年生死两茫茫②。

不思量。

自难忘。

千里孤坟、无处话凄凉③。

纵使相逢应不识，尘满面，鬓如霜。

夜来幽梦忽还乡。

小轩窗。

正梳妆。

相顾无言、惟有泪千行④。

料得年年肠断处，明月夜，短松冈⑤。

【注释】

①熙宁八年（1075）是乙卯年。记梦，将梦中事记下来。苏轼诗词中常见记梦之作。　②这是怀念发妻王弗的词。王弗十六岁嫁给苏轼，二十七岁去世，至此已经十年。苏轼《亡妻王氏墓志铭》记载了王弗侍奉公婆"以谨肃闻"。还记录王弗三事：一是聪慧知书。"见轼读书，则终日不去，亦不知其能通也。其后轼有所忘，君辄能记之。问其他书，则皆略知之。由是始知其敏而静也"。二是对苏轼十分关注，"从轼官于凤翔，轼有所为于外，君未尝不问知其详"，并以君子当慎之语，时加嘱告。三是对苏轼交往之人，注意观察分辨，对"言辄持两端，惟子意之所向"的人和"求与轼亲厚甚者"，她都规劝苏轼要小心提防。可见王弗对于苏轼，不仅是生活伴侣，更是知己。　③王弗墓在眉

山"之东北彭山县安镇乡可龙里先君先夫人墓之西北八步"。苏轼此时在密州。"千里"是泛指遥远。 ④这几句写梦中回乡,看见妻子正在窗前梳妆,夫妻相见的伤感情景。柳永《雨霖铃》:"执手相看泪眼,竟无语凝咽。" ⑤短松冈:植有低矮松树的小山冈,指妻子的墓地。[唐]孟棨《本事诗·征异第五》:"开元中,有幽州衙将姓张者,妻孔氏,生五子,不幸去世。"五子受后母虐待,"孔氏忽于冢中出",题诗赠张,有句云:"欲知肠断处,明月照孤坟。"

【评析】

以词悼亡,这是首例。苏轼之前有悼亡之诗或文,未见悼亡之词。此词先写实,再写梦,结尾写梦醒后的感慨。唐圭璋《唐宋词简释》云:"真情郁勃,句句沉痛。"此词可谓千古绝唱,词境虚实相辅,亦真亦幻,情感真切沉痛,将夫妻生死睽隔的哀痛悲伤、刻骨铭心的思念与绝望表达得强烈又委婉,沉郁且顿挫,自然又高妙,感染力极强。情怀深至,艺术水平臻于化境。

江城子

密州出猎①

老夫聊发少年狂②。

左牵黄。

右擎苍③。

锦帽貂裘，千骑卷平冈。

为报倾城随太守，亲射虎，看孙郎④。

酒酣胸胆尚开张。

鬓微霜。

又何妨。

持节云中，何日遣冯唐⑤。

会挽雕弓如满月，西北望，射天狼⑥。

【注释】

①作于熙宁八年（1075）冬，苏轼到密州太守任上一年多。据《东坡纪年录》："乙卯冬，祭常山回，与同官习射放鹰作。"苏轼有《祭常山回小猎》诗云："青盖前头点皂旗，黄茅冈下出长围。弄风骄马跑空立，趁兔苍鹰掠地飞。回望白云生翠巘，归来红叶满征衣。圣明若用西凉簿，白羽犹能效一挥。"与此词意思相近，可互参。 ②老夫：苏轼生于景祐四年（1037）年一月八日，农历是宋仁宗景祐三年（1036）十二月十九。作此词时三十九岁，虚岁可称四十了。"鬓微霜"就是有点白头发了。 ③左牵黄两句：左手牵着黄狗，右臂举着苍鹰。这是文学性描写，真实出猎的苏轼未必如此。史书中多有此类典故，如《晋书·张充传》："充出猎，左手臂鹰，右手牵狗。" ④亲射虎两句：孙

郎即孙权。《三国志·吴书·孙权传》载："权将如吴，亲乘马射虎于亭。马为虎所伤，权投以双戟，虎却废。" ⑤"持节"两句：用汉文帝与冯唐故事。据《汉书·冯唐传》记载：云中太守魏尚治军有方，匈奴一旦入侵，必杀甚众。后因报功时"虏差六级"，被文帝"下之吏，削其爵"。冯唐竭力为魏尚辩白，认为"赏太轻，罚太重"，颇失人心。文帝醒悟，便令冯唐持节赦免魏尚，官复原职，并拜冯唐为车骑都尉。云中在今内蒙古托克托县境内。 ⑥天狼：星名。《楚辞·九歌·东君》："举长矢兮射天狼。"《晋书·天文志》云："狼一星，在东井东南。狼为野将，主侵掠。"词中以之比喻对北宋边境屡有侵犯的西夏等国。

【评析】

这是词史上首例通篇皆豪放之词。但苏轼此前一年送杨元素的《南乡子》"旌旆满江湖"和《南乡子》"东武望余杭"，已经有些豪放味道。可见苏轼对豪放风格早有体会和尝试。此词写就后数日，他给鲜于子骏信中说："近却颇作小词，虽无柳七郎风味，亦自是一家……令东州壮士抵掌顿足而歌之，吹笛击鼓以为节，颇壮观也。"这说明他是有意创新。

上阕写出猎情景，豪兴勃发，气势恢宏。"狂"是核心。苏轼外任或谪居时常以疏狂、狂、老狂自况。"为报"句写出太守与民的亲切关系。"倾城随太守"略有夸张，也是豪放意味。下阕借出猎豪兴，表达为国效力的愿望。一连串动词如发、牵、擎、卷、射、挽、望等，现场感和动态十足。

满江红

正月十三日送文安国还朝①

天岂无情,天也解、多情留客。

春向暖、朝来底事,尚飘轻雪②。

君过春来纡组绶,我应归去耽泉石③。

恐异时、杯酒忽相思,云山隔。

浮世事,俱难必④。

人纵健,头应白。

何辞更一醉,此欢难觅。

欲向佳人诉离恨,泪珠先已凝双睫⑤。

但莫遣、新燕却来时,音书绝⑥。

【注释】

①熙宁九年(1076)正月十三日于密州送文安国还朝。文勋,字安国,庐江人,官至太府寺丞,能言善辩,擅篆画,苏轼《文勋篆赞》:"世人篆字,隶体不除。如浙人语,终老带吴。安国用笔,意在隶前。汲冢鲁壁,周鼓秦山。" ②底事:为什么。立春后本已回暖,为什么又飘雪了呢? ③纡:结,系。组绶:官服上系玉佩用的丝带。耽:喜好,迷恋。泉石:此指山林隐居亲近自然之处。 ④难必:难料,或难随心愿。 ⑤佳人:心仪的人。此或指文安国,或指席间歌女。 ⑥古时传说燕

子能传书信。《艺文类聚》卷九九引《田俅子》:"少昊之时,赤燕一羽而飞集少昊氏之户,遗其丹书。"此句嘱文安国常来书信,不要"音书绝"。

【评析】

　　送别之词,开头便巧妙温馨地说:老天也懂得朋友不舍,故意下雪留你。继而对比写意:你去朝廷做官,我却要归隐山林了,难免互相思念啊。下片进一步说,世事难料,岁月不居,谁都难免变老。以后相逢也难,今天咱们莫辞一醉。想说点什么,未开口就伤感了。总之以后尽量通个音信,不要"音书绝"啊。写词如促膝谈心,娓娓道来,层层深入,亲切自然。

望江南

超然台作①

春未老,风细柳斜斜。
试上超然台上望,半壕春水一城花②。
烟雨暗千家。

寒食后,酒醒却咨嗟③。

休对故人思故国,且将新火试新茶④。

诗酒趁年华。

【注释】

①作于熙宁九年(1076)暮春,题一作"暮春"。苏轼于熙宁七年(1074)十一月到密州。他的《超然台记》说"处之期年……治其园圃,洁其庭宇""园之北,因城以为台者旧矣,稍葺而新之"。可知是城北方向城墙上的一处亭台。苏辙在济南作官,为其名曰"超然台"。取《老子》"燕处超然"之意。 ②壕:护城河。 ③寒食:古时于冬至后一百零五日,即清明前一或二日,禁烟火三天,谓之寒食节。寒食与清明相连,人们要扫墓祭奠亡灵。咨嗟:叹息。游子在外思乡念亲,祭奠的时节却不能回乡扫墓,因而感慨叹息。 ④故国,指故乡。寒食禁火,节后再举火称新火。杜甫《清明》:"朝来新火起新烟。"新茶:寒食前采制的火前茶。胡仔《苕溪渔隐丛话》前集卷四十六引《学林新编》云:"茶之佳品,造在社前,其次则火前,谓寒食节前也;其下则雨前,谓谷雨前也。"

【评析】

"诗酒趁年华"是一个重要的人生理念,诗代表文化和审美,酒象征激情和快乐。趁是珍惜、热爱、善于把握和享受之意。苏轼三十岁时说过"腹有诗书气自华"。进入不惑之年,他增加了"酒",这是诗人们反复斟酌咏叹的生命主题——"对酒当歌""人生得意须尽欢,莫使金樽空对月"。让生命多一些激情、快乐、美丽。

"超然"是道家哲学最重要的生活理念——超越而快乐。超越什么呢?苏轼对此有精深的理解,他在《超然台记》中论述了"人之所欲无穷,而物之可以足吾欲者有尽"。因此,必须超越物欲,解脱物累,才能"无所往而不乐"。

苏轼始终认为,人生短暂,须热爱珍惜,须超然而乐。"诗酒趁年华",是他对人生最温馨的期盼、对人类最美好的劝勉。

"休对……且将",是一个远离悲伤而接近快乐的思维范式,是快乐生活的一个诀窍。

水调歌头

丙辰中秋,欢饮达旦,大醉,作此篇,兼怀子由[①]。

明月几时有?把酒问青天[②]。
不知天上宫阙,今夕是何年[③]。
我欲乘风归去,又恐琼楼玉宇,高处不胜寒[④]。
起舞弄清影,何似在人间[⑤]。

转朱阁,低绮户,照无眠[⑥]。

不应有恨,何事长向别时圆⑦。

人有悲欢离合,月有阴晴圆缺,此事古难全。

但愿人长久,千里共婵娟⑧。

【注释】

① 熙宁九年(1076)中秋作于密州。当时苏辙(子由)供职于济南。 ② 屈原《天问》:"明明暗暗,惟时何为?阴阳三合,何本何化?……日月安属?列星安陈?"张若虚《春江花月夜》:"江畔何年初见月?江月何年初照人?"李白《把酒问月》:"青天有月来几时,我今停杯一问之。" ③〔汉〕刘向《说苑》卷十一载:春秋时楚王母弟鄂君子皙在河中游玩,摇船者是越人,用越语唱了一支歌。鄂君子皙听不懂,叫人译成楚语:今夕何夕兮,搴洲中流,今日何日兮,得与王子同舟……《万首唐人绝句》卷六十六载托名牛僧孺(实为韦瓘所作)诗:"共道人间惆怅事,不知今夕是何年。" ④ 琼楼玉宇:指月宫。段成式《酉阳杂俎·前集》卷二:"翟天师名乾祐,峡中人……曾于江岸与弟子数十玩月。或曰:'此中竟何有?'翟笑曰:'可随我指观。'弟子中两人见月规半天,琼楼金阙满焉,数息间不复见。"高处不胜寒:周密《癸辛杂识·前集》游月宫:"明皇游月宫一事,所出亦数处。《异闻录》云:'开元中,明皇与申天师、洪都客夜游月中,见所谓广寒清虚之府,下视玉城嵯峨,若万顷琉璃田,翠色泠光,相射炫目,素娥十余舞于广庭,音乐清丽,遂归制《霓裳羽衣》之曲。'"不胜寒:禁受不住寒冷。 ⑤ 前人注释"何似在人间",多以为仿佛不在尘世凡间了。如黄蓼园《蓼园词选》

释此句曰:"仿佛神魂归去,几不知身在人间也。"然细忖词意,"何似"与"又恐"呼应,意思是说:我想往高处,又担心那里太寒冷,哪里比得上在人间起舞于月光之下更自由自在呢?《铁围山丛谈》卷四:"歌者袁绹……宣和间供奉九重,尝为吾言:东坡公昔与客游金山,适中秋夕,天宇四垂,一碧无际,加江流澒涌。俄月色如昼。遂共登金山山顶之妙高台,命绹歌其《水调歌头》曰:'明月几时有,把酒问青天。'歌罢,坡为起舞,而顾问曰:'此便是神仙矣?'"苏轼的话耐人寻味:这就是神仙了吗?或者说:"这不就是神仙吗?"总之,若将传说的天上与实在的人间比,苏轼肯定后者;若将皇都楼阁与自然山水相比,苏轼肯定后者;若将朝堂仕宦与江湖自由比,苏轼肯定后者。至少他的文学表述通常如此。 ⑥这三句写月夜无眠。 ⑦司马光《续诗话》:"李长吉歌'天若有情天亦老',人以为奇绝无对。曼卿对'月如无恨月长圆',人以为劲敌。"苏轼说:月亮本不懂离愁别恨,可它为何常在人们离别时显得更圆呢?这是用无情衬托多情的写法,是拟人化的转折设问。 ⑧婵娟:指月亮。[南朝·宋]谢庄《月赋》:"美人迈兮音尘阙,隔千里兮共明月。"张九龄《望月怀远》:"海上生明月,天涯共此时。"许浑《送客》:"唯应洞庭月,万里共婵娟。"

【评析】

这是词中的《天问》。"明月几时有",表面是问宇宙始于何时,其实更是问人生当如何自然自在、自适自安?全词通过望月怀远的视角,表达四层意思:一是思亲念友。二是心系君王和朝廷，但又担心"高处不胜寒"。三是宽慰心情，"人有悲欢离合，月有阴晴圆缺，此事古难全"。人生须面对一切，以理解和通达之意消解无奈和忧伤，以乐观和随缘之心对待现实和人生。四是对亲情友情的温馨祝愿，"但愿人长久，千里共婵娟"。

这些意思都是特别感动人类的共同情怀。天才的苏轼将其表达得深长厚重又空灵飘逸，诚恳真切又幽微曲折，感伤缠绵又温馨平和，达到真、善、美、智的极高境界。[明]杨慎说："此等词翩翩羽化而仙，岂是烟火人道得只字！中秋词古今绝唱。"

仕途边缘化的苏轼，既对朝廷政局深切关注，期望重返汴京，又担心自己不合时宜。上阕主要表达这种矛盾心理。据说宋神宗读后有"苏轼终是爱君"之叹（《岁时广记》引杨湜《古今词话》）。下阕从矛盾心情中宕出，专写人间情怀。全词情感数折，意思递进，终归于旷放。胡仔云："中秋词自东坡《水调歌头》一出，余词尽废。"（《苕溪渔隐丛话》）

江城子[①]

前瞻马耳九仙山[②]。
碧连天。
晚云间。
城上高台，真个是超然[③]。

莫使匆匆云雨散,今夜里,月婵娟④。

小溪鸥鹭静联拳⑤。
去翩翩。
点轻烟。
人事凄凉、回首便他年。
莫忘使君歌笑处,垂柳下,矮槐前⑥。

【注释】

①熙宁九年(1076)十月作于密州。 ②马耳山在今山东诸城市西南六十里。郦道元《水经注》:"马耳山,山高百丈,上有二石并举,望齐马耳,故世取名焉。"九仙山在诸城市南九十里。[明]嘉靖《青州府志》卷六:"县南八十里为九仙山,山有九峰,高松摩空,奇秀不减雁荡山。" ③超然台旧称北台,在密州北城墙上依山势而建,苏轼葺而新之,子由名之曰超然台。 ④月婵娟:月色美好。 ⑤联拳:团缩貌。 ⑥使君:人们对太守的敬称,此为作者自指。

【评析】

　　清丽的山城景色中,苏轼想到自己任期将满快要离任了。两年多的太守生涯匆匆掠过,几多欣慰快乐狂放此时都不说,只说"凄凉":"孤馆灯青,野店鸡号"的凄凉,"十年生死两茫茫"的凄凉,"起舞弄清影"的凄凉,"寂寞山城人老也"的凄凉,更有

"又恐琼楼玉宇,高处不胜寒"的凄凉。俱往矣!我走之后,这里的人民能记得我吗?

江城子

东武雪中送客①

相逢不觉又初寒②。
对尊前。
惜流年。
风紧离亭,冰结泪珠圆。
雪意留君君不住,从此去,少清欢③。

转头山下转头看④。
路漫漫。
玉花翻。
银海光宽,何处是超然⑤?
知道故人相念否,携翠袖,倚朱阑⑥。

【注释】

①熙宁九年（1076）十一月作于密州（今山东诸城）。东武即密州。客指章传道，时任密州教授。 ②又初寒：苏轼自熙宁七年（1074）十月到密州，至此已三历冬寒，与章传道同州相处也经历两次"初寒"了。 ③下雪了，却留不住要离开的人。清欢：文士交往之乐。 ④转头山：在诸城县南。 ⑤超然：这里指人生态度之超然，即《老子》"燕处超然"之意，超脱物累，使精神自由快乐。 ⑥知道故人：懂得超然之道的老朋友。此"道"恰与被送者章传道的名字吻合。

【评析】

送别词写得情深意浓也不太难，难的是既温馨优美，又巧妙自然。开头先从共历初寒说起，再说到光阴荏苒，再表达惜别之意。"清欢"二字标示友情的品质——清流文士纯洁优雅。下片"转头山""超然""知道故人"，三个意象皆巧含双关语义。黑格尔说"东方诗人在运用意象比譬方面特别大胆，他们常把彼此各自独立的事物结合成为错综复杂的意象"（黑格尔《美学》第二卷，商务印书馆1979年北京第1版第134页）。苏轼特别具备这种艺术才能，他仿佛随意四顾便信手拈来，不仅带领读者进入饯行现场，更引领人们浸入情怀深处，把饯行的意思从容不迫地一层层剥开，挥洒自由又不散不漫，紧紧扣住"雪中送客"这一主题。

水调歌头

余去岁在东武,作《水调歌头》以寄子由。今年,子由相从彭城百余日,过中秋而去,作此曲以别余。以其语过悲,乃为和之,其意以不早退为戒,以退而相从之乐为慰云耳。①

安石在东海,从事鬓惊秋。
中年亲友难别,丝竹缓离愁②。
一旦功成名遂,准拟东还海道,扶病入西州③。
雅志困轩冕,遗恨寄沧洲④。

岁云暮,须早计,要褐裘⑤。
故乡归去千里,佳处辄迟留⑥。
我醉歌时君和,醉倒须君扶我,惟酒可忘忧⑦。
一任刘玄德,相对卧高楼⑧。

【注释】

① 熙宁十年(1077)八月作于徐州。前一年九月,诏命苏轼移知河中府,十一月离密州(东武),途经濰州、齐州、青州,二月诏命改知徐州。回京述职未许入城,夏四月与苏辙(子由)同行赴徐州任,五月到徐州。中秋节后苏辙离徐州,临行作《水调歌头·徐州中秋》:"离别一何久,七度过中秋。去年东武今夕,明月不胜愁。岂意彭城山下,同泛清河古汴,船上载《凉州》。鼓

吹助清赏，鸿雁起汀洲。坐中客，翠羽帔，紫绮裘。素娥无赖，西去曾不为人留。今夜清尊对客，明夜孤帆水驿，依旧照离忧。但恐同王粲，相对永登楼。"彭城，徐州别称。　②安石：谢安，字安石，东晋名臣，早年隐居会稽，东临大海。朝廷屡征不起，直到四十多岁才出仕从政，鬓发已斑白。《晋书·王羲之传》："谢安尝谓羲之曰：'中年以来，伤于哀乐，与亲友别，辄作数日恶。'"丝竹：泛指管弦乐器。　③此三句说谢安功成名就之后，准备归隐会稽，不料后来抱病进入西州（扬州）。　④雅志：指退隐之志。轩冕：官员的车服。沧洲：水滨，借指隐居之地。这两句是苏轼自我表白：想自由却被官职所困。　⑤褐裘：普通百姓粗布服装。　⑥这两句说故乡眉山远隔千里，其实只要是宜居佳处，就可以安居。　⑦曹操《短歌行》："何以解忧，唯有杜康。"《晋书·顾荣传》："恒纵酒酣畅，谓友人张翰曰：'惟酒可以忘忧，但无如作病何耳'。"　⑧《三国志·魏书·陈登传》载，陈登（字元龙）是扬州名士，曾慢待许汜。许汜在荆州与刘备说起此事："昔遭乱过下邳，见元龙。元龙无客主之意，久不相与语，自上大床卧，使客卧下床。备曰：'君有国士之名，今天下大乱，帝主失所，望君忧国忘家，有救世之意，而君求田问舍，言无可采。'是元龙所讳也，何缘当与君语，如小人，欲卧百尺楼上，卧君于地，何但上下床之间邪？"苏轼的意思是说，我们兄弟更心仪隐居自由，任凭刘玄德那样的人瞧不起我们，也不去管它了。

【评析】

　　苏轼认为苏辙的词意过于悲伤。他在一年前的中秋词中就说过"人有悲欢离合",就像"月有阴晴圆缺"一样自然而然,不必因此而过于伤感。他在这首词中要说的是如何解脱仕宦束缚,隐居于山水佳处,获得身心自由。援引大名士谢安的故事,抒写自己的名士情怀。表达兄弟二人"退而相从之乐"。这是他在不能"达则兼济天下"的处境下,"穷则独善其身"之意。作此词六年后,苏轼在黄州又作了一首中秋词《念奴娇》:

凭高眺远,见长空万里,云无留迹。桂魄飞来光射处,冷浸一天秋碧。玉宇琼楼,乘鸾来去,人在清凉国。江山如画,望中烟树历历。 我醉拍手狂歌,举杯邀月,对影成三客。起舞徘徊风露下,今夕不知何夕。便欲乘风,翻然归去,何用骑鹏翼。水晶宫里,一声吹断横笛。

谪宦心情,更多了些身不由己的无奈,但精神境界更加超然清旷。故刘熙载说"东坡词具神仙出世之姿"(《艺概·词曲概》)。

临江仙

送李公恕[①]

自古相从休务日[②],何妨低唱微吟。
天垂云重作春阴。
坐中人半醉,帘外雪将深。

闻道分司狂御史,紫云无路追寻③。
凄风寒雨是骎骎④。
问囚长损气⑤,见鹤忽惊心⑥。

【注释】

①元丰元年(1078)正月作于徐州。李察字公恕,时为京东转运判官,奉诏赴京。 ②休务即休假,也称休沐。[宋]叶廷珪《海录碎事》卷十二引:《汉律》五日一赐休沐。《世说》车武子为侍中,每休沐,与东亭诸人期共游集。 ③[唐]孟棨《本事诗·高逸第三》载杜牧故事:"杜为御史,分务洛阳时,李司徒罢镇闲居,声伎豪华,为当时第一。洛中名士,咸谒见之。李乃大开筵席,当时朝客高流,无不臻赴。以杜持宪,不敢邀置。杜遣座客达意,愿与斯会。李不得已,驰书。方对花独酌,亦已酣畅。闻命遽来。时会中已饮酒,女奴百余人,皆绝艺殊色。杜独坐南行,瞪目注视,引满三卮,问李云:'闻有紫云者,孰是?'李指示之。杜凝睇良久,曰:'名不虚得,宜以见惠。'李俯而笑,诸妓亦皆回首破颜。又自饮三爵,朗吟而起曰:'华堂今日绮筵开,谁唤分司御史来。忽发狂言惊满座,两行红粉一时回。'意气闲逸,傍若无人。"苏轼援引这个故事,以李司徒比李公恕,以杜牧自比。只是遗憾没有紫云。 ④骎骎:本指马疾行的样子,这里引申为匆匆。 ⑤这句大意是:审问囚犯,知道他们多因生计所迫,而自己身为官吏,对底层民众能有多少帮助呢?损气:气不够壮,惭愧。《熙宁中轼通守此郡,除夜直都厅,囚系皆满,日暮不得返舍。因题一诗于壁……》:"除日当早

归,官事乃见留。执笔对之泣,哀此系中囚。小人营糇粮,堕网不知羞。我亦恋薄禄,因循失归休。不须论贤愚,均是为食谋。谁能暂纵遣,闵然愧前修。"这是官员愧对庶民的情怀。　⑥庾信《小园赋》:"鹤讶今年之雪。"此句呼应上文"雪将深",冬去春来,岁月如流,人又老了一岁,因而"惊心"。

【评析】

　　饯行席上,没有离别的伤感,因为只是一般的朋友。但也不是只说点应酬的话而已。先说人生需要休闲娱乐,最好有点"低唱微吟"的雅兴,有诗有歌,"诗酒趁年华"。若有资格,不妨像杜牧那样恃才傲物风流倜傥。人生难免要面对"凄风寒雨",也留不住"骎骎"流逝的光阴,但要乐观,要珍惜时光,要有爱美之心、高雅之趣,最重要的是,要有爱心,爱自己也爱他人,要善于理解同情苦难中的人(包括囚犯)。苏轼当场作词时,未必这样层层深入地思考,但他的智慧和品性就是这样,自然流露便是如此。

蝶恋花

暮春别李公择①

簌簌无风花自堕②。

寂寞园林，柳老樱桃过③。

落日有情还照坐，山青一点横云破。

路尽河回人转柁。

系缆渔村，月暗孤灯火④。

凭仗飞魂招楚些⑤，我思君处君思我。

【注释】

①元丰元年暮春作于徐州。这年春天，李常（1027—1090），[字公择，南康建昌（今江西永修）人，《宋史》有传]，由齐州太守调任淮西路提点刑狱，三月初路过徐州看望苏轼，好友相见，逗留月余，诗酒唱酬。饯别时，苏轼作此词。②簌簌（sù）：形容花落的声音和样子。[唐]元稹《连昌宫词》："风动落花红簌簌。"亸（duǒ）：下垂。这句是说：虽然无风，花却自然飘落。即"无风花自簌簌亸"，因平仄关系颠倒词序。③樱桃过：樱桃花已开过。④系缆：泊船。词大约作于三月末，无月光，凸显渔火孤灯。⑤飞魂招楚些：宋玉《招魂》诗句尾多用语气助词"些"（suò），如"魂兮归来，反故居些"。后世将楚辞也称作"楚些"。此句是说：离别令人失魂落魄，我们得把魂魄招回来。

【评析】

和送李公恕那首词相比，此词显然以抒情为主。送李公恕词没那么浓厚的惜别意味,因而畅谈人生。李常和苏轼是情投意合、惺惺相惜的朋友。李比苏年长十岁,皇祐年间登进士甲科,熙宁变法之初,他在朝任职右正言,比苏轼更激烈地上疏批评新法,因而外放。李知湖州时,苏轼从杭州移知密州,曾到湖州看望李常,逗留数日,诗酒酬唱甚欢。苏轼离密州赴徐州,曾在齐州与李相聚。此番李到徐州与苏相聚逗留,临别依依难舍。因而此词全是惜别之意。上片渲染景物,落花斜阳,朋友将别去,连园林都显得寂寞。下片直接写别后孤独,互相思念。"我思君处君思我"是极亲切的话,表明二人友情深厚。

浣溪沙

徐门石潭谢雨,道上作五首①。

照日深红暖见鱼。
连溪绿暗晚藏乌。
黄童白叟聚睢盱②。

麋鹿逢人虽未惯,猿猱闻鼓不须呼③。
归家说与采桑姑。

浣溪沙

旋抹红妆看使君④。
三三五五棘篱门。
相挨踏破茜罗裙。

老幼扶携收麦社,乌鸢翔舞赛神村⑤。
道逢醉叟卧黄昏。

浣溪沙

麻叶层层苘叶光⑥。
谁家煮茧一村香?
隔篱娇语络丝娘⑦。

垂白杖藜抬醉眼,捋青捣䴬软饥肠⑧。
问言豆叶几时黄?

浣溪沙

簌簌衣巾落枣花。

村南村北响缲车⑨。

牛衣古柳卖黄瓜。

酒困路长惟欲睡,日高人渴漫思茶。

敲门试问野人家。

浣溪沙

软草平莎过雨新。

轻沙走马路无尘。

何时收拾耦耕身⑩?

日暖桑麻光似泼,风来蒿艾气如薰。

使君元是此中人。

【注释】

①元丰元年(1078)初夏作于徐州。徐门即徐州。石潭与泗水相通,因而水的涨落清浊与泗水一致。因春旱,官府到石潭求雨。雨降人喜,再到石潭谢雨。 ②无论儿童还是老人,都欣然相聚。睢盱(suī xū):形容喜悦的样子。 ③这两句调侃村民像麋鹿、猿猱(náo)一样天然质朴。 ④这句说女孩们匆匆化妆出来看太守。旋:立即。使君:古人对太守的亲切称呼。 ⑤收

麦社：麦收后的祭神谢恩活动。赛神：用仪仗鼓乐迎神出庙游街。 ⑥苘（qǐng）：俗称青麻。 ⑦络丝娘：本为虫名，此处代指缫丝的妇女。 ⑧捋青捣麨（chǎo）：采摘新麦穗制成干粮。 ⑨缫（sāo）车：纺车。 ⑩耦（ǒu）耕：并肩耕作。

【评析】

　　求雨是农耕大旱时的无奈之举，若侥幸降雨，人们的心情就特别喜悦，要谢天谢地谢神灵。太守的快乐更有独特的意味。在谢雨途中写这组词，以表达快乐，于现场的用途是让歌女们把这种快乐唱出来，载歌载舞，官民同乐。因此歌词要尽量通俗接地气。太守途中所见所感都是快乐的民众和田园久旱逢甘霖的生长景象，他写得生动形象，活泼细腻，朴实清新，从景象到人物进而写到心情，由表及里。以诗法入词，将农村题材之乡土气息带入词坛，有开拓意义。他回城后快乐激动的心情持续未平，又写了一首《浣溪沙·徐州藏春阁园中》："惭愧今年二麦丰。千畦细浪舞晴空。化工余力染天红。归去山公应倒载，阑街拍手笑儿童。甚时名作锦薰笼。"

蝶恋花

送郑彦能还都下①

别酒劝君君一醉。

清润潘郎，又是何郎婿②。
记取钗头新利市③。
莫将分付东邻子④。

回首长安佳丽地⑤。
十五年前，我是风流帅⑥。
为向青楼寻旧事⑦。
花枝缺处余名字⑧。

【注释】

①元丰元年（1078）八月作于徐州。郑仅（1047—1113），字彦能，彭城（今江苏徐州）人，进士及第，历官至吏部侍郎，《宋史》有传。苏轼这次送郑北行赴大名府（北宋陪都，治所在今河北省大名县东南）任司户参军。此词题目或误作"送潘大临"，邹王《校注》详辨正误（参该书第239—240页）。 ②《晋书·潘岳传》："岳美姿仪，辞藻绝丽，尤善为哀诔之文。少时常挟弹出洛阳道，妇人遇之者，皆连手萦绕，投之以果，遂满载以归。"《世说新语·容止》："何平叔美姿仪，面至白，魏明帝疑其傅粉，正夏月与热汤饼，既啖，大汗出，以朱衣自拭，色转皎然。"古诗文中常以潘岳、何晏（平叔）为美男代称。苏轼此处以潘郎喻郑彦能，以何晏喻郑的岳父，大意是赞美郑氏夫妇都是高颜值。 ③钗头新利市：给美女的赏钱。 ④东邻子：宋玉《登徒子好色赋》："天下之佳人，莫若楚国，楚国之丽者，

莫若臣里。臣里之美者,莫若臣东家之子。臣东家之子,增之一分则太长,减之一分则太短,著粉则太白,施朱则太赤;眉如翠羽,肌如白雪,腰如束素,齿如含贝;嫣然一笑,惑阳城,迷下蔡。" ⑤长安:宋人借指汴京。佳丽地:多美女之地。 ⑥此句借潘喻郑。郑此时三十一岁,"十五年前"则十六岁,正如少年潘岳那样美貌风流令女子迷恋。 ⑦青楼:代指妓院。"寻旧事",这是虚拟郑当年进士登第时可能发生风流事。杜牧《遣怀》:"十年一觉扬州梦,赢得青楼薄幸名。" ⑧花枝缺处:指青楼。白居易《长安道》诗:"花枝缺处青楼开,艳歌一曲酒一杯。"

【评析】

  词风趣活泼,风流美艳。那时的制度和观念与现在有异,酒席宴间谈及个人或他人的风流美艳故事,不会受到道德谴责,还可能有点"炫"。陈寅恪《元白诗笺证稿》和朱光潜《诗论》都有论及此。苏轼此时作为徐州太守,为比自己年轻十岁的美男子饯行,颇多赞赏,既轻松调侃,又郑重嘱咐:你这样才貌双全的年轻美男要到繁华城市做官了,可要检点收敛,不能像年少的人那样放纵风流。你美丽的妻子是大家闺秀,你要专心善待她啊。他特别强调"又是何郎婿",用意即在于此。词的上片是夸奖和嘱咐,下片转用第一人称"我",实际可能是席间众朋友调侃之语。

永遇乐

徐州梦觉,北登燕子楼作①

明月如霜,好风如水,清景无限②。
曲港跳鱼,圆荷泻露,寂寞无人见。
紞如三鼓,铿然一叶,黯黯梦云惊断③。
夜茫茫、重寻无处,觉来小园行遍④。

天涯倦客,山中归路,望断故园心眼⑤。
燕子楼空,佳人何在,空锁楼中燕。
古今如梦,何曾梦觉,但有旧欢新怨⑥。
异时对、黄楼夜景,为余浩叹⑦。

【注释】

①元丰元年(1078)十月中秋前后作于徐州。燕子楼:唐贞元中张愔镇徐州,为家妓盼盼所建。白居易《燕子楼三首序》:"徐州故张尚书有爱妓曰盼盼,善歌舞,雅多风态。予为校书郎时,游徐、泗间。张尚书宴予,酒酣,出盼盼以佐欢……云:'尚书既没,归葬东洛。'而彭城有张氏旧第,第中有小楼,名燕子。盼盼念旧爱而不嫁,居是楼十余年,幽独块然,于今尚在。" ②三句写中秋夜景。 ③紞(dǎn)如:形容打更人击鼓之声。铿然:形容叶落声。两种听觉都是作者独特的心理感

觉。　④苏轼夜间梦醒后散步登楼。"重寻无处"是指张尚书和盼盼的故事已经无处可寻。　⑤天涯倦客：指自己，因在仕途被边缘化而生倦意，远离故乡，不知何处是归宿。　⑥《庄子·大宗师》："吾特与汝，其梦未始觉者耶？"这几句说人生如梦，有各种悲欢恩怨。若梦醒回头，则皆成过往矣。　⑦黄楼：在徐州城东门上，苏轼知徐州时，拆霸王厅而建黄楼。秦观《黄楼赋引》说太守苏公为镇水灾而建黄楼，"以为水受制于土，而土之色黄，故取名焉"。苏轼有《答范淳甫》诗曰："惟有黄楼临泗水。"自注："郡有厅事，俗谓之霸王厅，相传不可坐。仆拆之以盖黄楼。"

【评析】

　　此词因涉及著名的故事而备受关注评说。苏轼实乃借历史故事写自家心事。"寂寞"和"倦"是词眼。盼盼与尚书相知相爱，尚书死后她难免孤独寂寞，但她痴情感恩，宁愿幽独终生也不再嫁。苏词中"寂寞无人见"的感慨，首先是为盼盼而发，同时也是对自己仕宦处境的感慨。怀才不遇，因而对仕途产生"倦"意。两年后他谪居黄州，又有"谁念幽人独往来，寂寞沙洲冷""只有名花苦幽独"之类的感慨。

　　［清］沈辰垣等编《历代诗余》卷一一五引［宋］曾慥《高斋词话》：有客自秦观那里来，苏轼问少游近作，客以《水龙吟》"小楼连苑横空，下窥绣毂雕鞍骤"相告。苏笑曰：十三字只说一人骑马楼前过。客归，秦问苏公近作，答以"燕子楼空，佳人何在，空锁楼中燕"。晁无咎说：只三句便说尽张事。这则词话说的是诗词叙事艺术：意象密集填满了读者的想象空间，叙事效

率不高；意象疏宕有利于阅读想象，叙事含量更大。

江城子

恨别[1]

天涯流落思无穷。

既相逢。

却匆匆。

携手佳人、和泪折残红[2]。

为问东风余几许？春纵在，与谁同！

隋堤三月水溶溶[3]。

背归鸿[4]。

去吴中[5]。

回首彭城、清泗与淮通[6]。

寄我相思千点泪，流不到，楚江东[7]。

【注释】

① 元丰二年（1079）三月作于徐州。诏命苏轼移知湖州，将

行,与友人别,作此词。"恨"是无奈之意。或作《江神子·别徐州》,"江城子"又名"江神子",是同一词牌。 ②佳人:应是指自家妻妾。此时跟随苏轼的是王润之和王朝云。暮春时节,春花凋零,故曰残红。 ③隋堤:汴河堤,因建于隋朝而名。汴水也流经徐州。 ④春天大雁北飞,而作者南下湖州,故曰"背归鸿"。 ⑤吴中:指湖州,治所在乌程,春秋时属吴国。 ⑥彭城即徐州。泗水属淮河支流,是徐州的河流之一。 ⑦楚江:长江经武汉以后,又称楚江。湖州在长江南边的太湖南岸,是徐州的东南方向。"流不到,楚江东"意谓距离遥远。

【评析】

　　从密州到徐州,苏轼词时不时流露出"寂寞""孤独""幽独""天涯流落""思故国"之感,实际是仕途怀才不遇的消沉情绪。每与朋友离别,很容易伤感。此番将离徐赴湖,流落天涯身不由己的无奈之感又有增加,对朝廷新法的不满甚至讥讽之意时常流露,他可能已经感觉到与执政者越来越不合,甚至可能预感到自己的仕途已经潜伏危机,"背归鸿"三字颇堪玩味:应该北归,怎么偏偏背道而驰呢?表面看,他在词中只是表达惜别之意,但情绪实在过于低沉。"流不到,楚江东"的,只是朋友的相思之情吗?有没有"春风疑不到天涯"的幽怨和失望呢?

减字木兰花

彭门留别①

玉觞无味②。
中有佳人千点泪③。
学道忘忧④。
一念还成不自由⑤。

如今未见。
归去东园花似霰⑥。
一语相开。
匹似当初本不来⑦。

【注释】

①元丰二年（1079）三月作于徐州，当是饯行之际留别之词。彭门即彭城徐州。　②因心情不好而无心品酒，故曰"无味"。　③佳人当是泛指各方惜别之人。　④《汉书·杨恽传》："君子游道，乐以忘忧。"　⑤佛经认为人生之事皆生于一念之间。苏轼这里借"一念"指自己入仕之俗念。　⑥霰（xiàn）：水蒸气遇冷凝结成的小冰粒。　⑦匹似：譬如，就像。元稹《酬乐天醉别》："前回一去五年别，此别又知何日回。好住乐天休怅望，匹如元不到京来。"

【评析】

　　就像前首《江城子·恨别》一样,惜别情绪的深处,是"不自由"的流落感。"匹似当初本不来"——还不如当初不来呢?免得来了又离别。话外音是悔不当初,而当初是何时何地呢?布衣自由的时光吗?

西江月

平山堂①

　　三过平山堂下,半生弹指声中②。
　　十年不见老仙翁③。
　　壁上龙蛇飞动④。

　　欲吊文章太守,仍歌杨柳春风⑤。
　　休言万事转头空。
　　未转头时皆梦⑥。

【注释】

　　①元丰二年(1079)四月中旬作于扬州。或编于元丰七年(1084)十月(见邹王《校注》中册第533—534页)。众说不

一,所据多有不合。苏轼明言"三过平山堂下"。一过是熙宁四年(1071)十月由汴京赴杭州路过扬州,二过是熙宁七年(1074)十月由杭州赴密州路过扬州,三过应是元丰二年(1079)由徐州赴湖州,京杭运河经徐州通扬州,水路便利。[宋]施宿《东坡先生年谱》元丰二年:"先生在徐。二月,移知湖州。经从淮浙间,所至作诗,多追感旧游,盖先生昔年自京师赴杭倅,自杭守密,及是,凡三往来矣。" ②平山堂:在扬州大明寺侧,欧阳修为太守时所建。《舆地纪胜》:"负堂而望,江南诸山,拱列檐下,故名。"弹指:佛教语,喻时间匆促。《翻译名义集》卷五《时分》:"壮士一弹指顷六十五刹那。""二十念为一瞬,二十瞬为一弹指。"半生是自指,此时苏轼四十三岁。 ③老仙翁:指欧阳修。苏轼熙宁四年(1071)到颍州谒见欧阳修,至此九年,此"十年"是举其成数。 ④指欧阳修在平山堂墙壁留题的墨迹。 ⑤欧阳修《朝中措》:"平山栏槛倚晴空,山色有无中。手种堂前垂柳,别来几度春风。文章太守,挥毫万字,一饮千钟。行乐直须年少,尊前看取衰翁。" ⑥白居易《自咏》:"百年随手过,万事转头空。"此翻进一层,谓未转头时已是梦幻。

【评析】

"三过平山堂下",浓缩了苏轼近十年间南迁北调的动荡生涯。回首过往如弹指之间,半生倏忽已过。自己身不由己奔波仕宦,恩师早已仙逝,平山堂留有他遒劲的笔迹,令人缅怀又感慨。

下片面对欧公手植杨柳、手书诗词,缅怀欧公风采,感慨物是人非。更进一步想到人生在世,未尝不似幻梦一样匆匆而逝。人生如梦的意思在苏轼诗词文章中出现数百次,但都不是佛教所言虚幻之意,而只是说匆匆易逝,其来难料,其逝难留,人只能通达理解,坦然面对。陈廷焯《白雨斋词话》卷六云:"'休言万事转头空。未转头时皆梦'追进一层,唤醒痴愚不少。"

南歌子

湖州作①

山雨潇潇过,溪桥浏浏清②。
小园幽榭枕苹汀③。
门外月华如水、彩舟横。

苕岸霜花尽,江湖雪阵平④。
两山遥指海门青⑤。
回首水云何处、觅孤城。

【注释】

①元丰二年(1079)五月十三日作于湖州。湖州在太湖南

岸,因称湖州,州治所在乌程。苏轼四月二十日到湖州。王文诰《苏文忠公诗编注集成总案》云:"施注以墨迹刻石,定此为送刘撝(huī)词,后题:'元丰二年五月十三日吴兴钱氏园作。'"刘撝字行甫,长兴人。此时官寺丞,自长兴赴余姚路过湖州。苏轼为之饯行,作诗词各一首,诗题《送刘寺丞赴余姚》,可互证。《南歌子》词牌又名《南柯子》。 ②浏浏:水流清澈貌。按《平水韵》,浏字既在平声"尤"韵,也在仄声"有"韵,平声仄声皆可。《南歌子》词谱此句为"平平仄仄平",则"浏浏"当读仄声 liǔ。 ③榭:建在平台上的敞屋。汀:水中小洲或水边平地。 ④苕花即芦花。湖州有苕溪,因两岸多芦苇,故名苕溪。霜花:苕花盛开时白如霜雪。雪阵指潮水。 ⑤"两山"句:钱塘江两岸有山对起,故称海门。因刘行甫要去余姚,离钱塘江很近,所以说"遥指海门青"。此句词序当是"遥指海门两山青",因句式平仄要求而如此。

【评析】

上片写湖州府衙内外风景,初夏雨过天青,凉爽宜人,亭园幽静,苕花汀草生意盎然,傍晚,将圆之月早升高照,月光下小桥、溪水、彩舟、苕岸,太守的心情不错,送朋友远赴钱塘江,情随路远,意逐云长。希望朋友到了余姚,不要忘记"回首孤城",这里新上任的太守,有点不合时宜,有点孤独,有点不安。虽然现在看似"江湖雪阵平",但他的不安和孤独感总是挥之不去。两个多月后,"乌台诗案"便不期而至了。

卜算子

黄州定慧院寓居作①

缺月挂疏桐,漏断人初静②。
谁见幽人独往来,缥缈孤鸿影③。

惊起却回头,有恨无人省。
拣尽寒枝不肯栖,寂寞沙洲冷④。

【注释】

①乌台诗案后,苏轼谪黄州,此时他四十四岁。元丰三年(1080)正月离京,二月初一到黄州,寓居城东南的定慧院,五月二十九日迁居临皋亭。某月缺之夜偶出庭中散步乃有此作。疏桐、寒、冷等词语似春寒料峭。散步而见"缺月",又说"人初静",应是上弦月,二月上旬或三月上旬都有可能。关于此词的写作时间和背景,还有其他说法,可参看邹王《校注》上册第277—286页附录"参考资料"。黄州:今湖北黄冈市。定慧院:一作定惠院,在州治所东南。 ②漏断:古代漏壶计时。夜深人静,漏壶滴水声断断续续。 ③幽人:孤独幽居之人。《易·履卦》:"履道坦坦,幽人贞吉。"王水照《苏轼选集》注云:"原指幽囚之人,引申为含冤之人或幽居之人。"苏诗《定慧院寓居月夜偶出》:"幽人无事不出门"。鸿:大雁。李白《天门山》:"参

差远天际,缥缈晴霞外。" ④不肯栖:表示不屈之意。

【评析】

这是苏轼诗词中极伤感又极清高之作。"乌台诗案"后,苏轼被谪为黄州团练副使,他一面如惊弓之鸟,一面援道、释以救心。

鸿是苏轼的图腾,他诗词中多次以鸿自喻,如《和子由渑池怀旧》:"人生到处知何似?应似飞鸿踏雪泥。"鸿的寓意主要是清高、自由、飞翔。"缺月"喻示生命中的残缺感,"漏断"喻示生命历程之不畅,"幽人"是孤独者,怀才不遇。"惊起"表示大难之后惊魂未定,"恨"是遗憾无奈。"无人省"是独处无友。"拣尽寒枝不肯栖"是高贵的孤独,高傲的坚强,高洁的持守。词意高远空灵,伤感而不颓废。黄庭坚《山谷题跋》评此词"语意高妙……无一点尘俗气"。

前人对此词评论甚多。有附会故事者。[清]徐釚《词苑丛谈》卷三引宋人鮦阳居士语:"缺月,刺明微也。漏断,暗时也。幽人,不得志也。独往来,无助也。惊鸿,贤人不安也。回首,爱君不忘也。无人省,君不察也。拣尽寒枝不肯栖,不偷安于高位也。寂寞沙洲冷,非所安也。此词与《考槃》诗相似。"此论可参,唯过于凿实。

南歌子

感旧①

寸恨谁云短,绵绵岂易裁②。
半年眉绿未曾开③。
明月好风闲处、是人猜。

春雨消残冻,温风到冷灰④。
尊前一曲为谁哉?
留取曲终一拍、待君来。

【注释】

①薛《笺证》和邹王《校注》均编于元丰三年(1080),可信。　②韩愈《感春》:"孤吟屡缺莫与和,寸恨至短谁能裁。"白居易《长恨歌》:"此恨绵绵无绝期。"岂易裁:怎易剪断。　③眉绿:女性。"半年眉绿未曾开",或指自"乌台诗案"入狱以来半年多了,妻妾等家眷愁眉不展。　④这两句说从春到夏了。《礼记·月令》:"季夏之月……温风始至。"

【评析】

苏轼初到黄州寓居定慧院。五月下旬,苏辙将他的妻子王闰之等家属送来黄州。此词可能是家人将到之前所作。题曰

"感旧",就是因旧事而感慨,旧事应该是指刚刚过去这半年间发生的事。但此词的"恨"当与前首《卜算子》中的"恨"有所不同,这里主要应是离愁别恨。他与家人离别半年了,春去夏来,亲人们就要团聚了,亲情暖意一如季节转暖,最难熬的日子总算过去了,准备好酒和歌词,"待君来"。苦中作乐,通达地理解一切,珍惜生命,热爱生活,这是苏轼特别难能可贵的性格和智慧。

南乡子

黄州临皋亭作①

晚景落琼杯②。
照眼云山翠作堆③。
认得岷峨春雪浪,初来。万顷蒲萄涨渌醅④。

暮雨暗阳台⑤。
乱洒高楼湿粉腮⑥。
一阵东风来卷地,吹回。落照江天一半开。

【注释】

①元丰三年（1080）夏作。苏轼五月底迁居临皋亭。亭在黄州城南朝宗门外。词中"认得岷峨春雪浪，初来"句，有注者误以为此词作于春季，则编年成疑。其实这句是说：初来居此，认得江水来自故乡岷峨雪山。苏轼《临皋闲题》："临皋亭八十数步，便是大江，其半是岷峨雪水。"（《东坡志林》卷四）李白诗《经乱离后天恩流夜郎忆旧游书怀赠江夏韦太守良宰》有"江带峨眉雪"。王琦注引《三峡记》："峨眉……冬春积雪，虽经风日不能消释。入夏始得融泮，流入岷江。" ②琼杯：玉酒杯。这里是对酒杯的美称，未必玉石制作。 ③一、二句说：青山与江水叠翠，辉映着酒杯。 ④渌醅：本指美酒，这里比喻江水。李白《襄阳歌》："遥看汉水鸭头绿，恰似葡萄初酦醅。" ⑤阳台：隐喻男女云雨欢合。宋玉《高唐赋》序："妾在巫山之阳，高丘之岨，旦为朝云，暮为行雨，朝朝暮暮，阳台之下。" ⑥粉腮：女人的脸。此处是指苏轼妻妾王闰之、王朝云。

【评析】

劫难之后，谪居的苏轼终于见到分离半年的两位爱人，江亭叙饮，夕阳西下，大江东流，落日余晖映照着江山和美人。江水从家乡流过来，亲人从远方来团聚，亲情暖意足以驱散心中的凄寒。词写得明媚温馨，还有点性感。"落照江天一半开"是视觉，更是心情。定慧院月夜孤独的幽人，正在走出忧伤。

水龙吟

次韵章质夫杨花词①

似花还似非花,也无人惜从教坠②。
抛家傍路,思量却是,无情有思③。
萦损柔肠,困酣娇眼,欲开还闭④。
梦随风万里,寻郎去处,又还被、莺呼起⑤。

不恨此花飞尽,恨西园、落红难缀⑥。
晓来雨过,遗踪何在,一池萍碎⑦。
春色三分,二分尘土,一分流水⑧。
细看来,不是杨花,点点是离人泪。

【注释】

① 元丰四年(1081)春作于黄州。章楶(jié)(1027—1102),字质夫。福建浦城人,时任荆湖北路提点刑狱。其《水龙吟·杨花词》:"燕忙莺懒花残,正堤上、柳花飘坠。轻飞乱舞,点画青林,全无才思。闲趁游丝,静临深院,日长门闭。傍珠帘散漫,垂垂欲下,依前被、风扶起。　兰帐玉人睡觉,怪春衣、雪沾琼缀。绣床旋满,香球无数,才圆却碎。时见蜂儿,仰粘轻粉,鱼吹池水。望章台路杳,金鞍游荡,有盈盈泪。" ② 白居易诗《花非花》:"花非花,雾非雾。"从教坠:任凭其坠落。 ③ 无情

有思:杨花看似无情,却自有愁思。韩愈《晚春》:"杨花榆荚无才思,唯解漫天作雪飞。"这里反用其意。思(仄声 sì):心思。 ④柔肠:比喻柳枝细长柔软。娇眼:比喻初放的柳叶。白居易《杨柳枝》:"人言柳叶似愁眉,更有愁肠如柳丝。" ⑤[唐]金昌绪《春怨》:"打起黄莺儿,莫教枝上啼。啼时惊妾梦,不得到辽西。" ⑥缀:收拾。 ⑦一池萍碎:苏轼自注:"杨花落水为浮萍,验之信然。" ⑧[宋]叶清臣《贺圣朝》:"三分春色二分愁,更一分风雨。"

【评析】

章词咏杨花(柳絮),以形写神,风姿秀逸。上阕写杨花飘坠轻飞,极富动态神韵,特别是歇拍"傍珠帘散漫,垂垂欲下,依前被、风扶起"几句,将杨花写得至为灵动。下阕仍以摹写杨花物态为主,不惟拟人,且略微渗入人情。

苏轼和韵之词妙在不即不离,将杨花的特性和人的生命打通,句句咏花,句句喻人。上片侧重写芳华幽独之悲,下片侧重写飘零无奈之感。深寓生命之孤独、漂泊、失落、不能自主、无可奈何之悲伤。

张炎《词源》称苏轼这首《水龙吟》在咏物词中"压倒今古"。王国维《人间词话》称苏词"和韵而似原唱",章词"原唱而似和韵",相比之下,可知"才之不可强"。张炎《词源》咏物诗词难写,"体认稍真,则拘而不畅;模写差远,则晦而不明。要须收纵联密,用事合题。一段意思,全在结句,斯为绝妙"。沈祥龙《论词随笔》亦云:"咏物之作,在借物以寓性情……寄托遥深,非沾沾焉咏一物矣。"

南乡子

重九涵辉楼呈徐君猷①

霜降水痕收。
浅碧鳞鳞露远洲②。
酒力渐消风力软,飕飕③。
破帽多情却恋头④。

佳节若为酬⑤。
但把清尊断送秋⑥。
万事到头都是梦,休休⑦。
明日黄花蝶也愁⑧。

【注释】

① 元丰四年(1081)九月九日重阳节作于黄州。明弘治《黄州府志》卷四:"涵辉楼,在古城内。"徐君猷,名大受,东海人,苏轼谪黄州,徐为太守,厚待苏轼,交往密切。任满离黄后

即去世，苏轼为之作祭文挽词。苏轼谪黄时给苏辙信中说："举目无亲，君猷一见如骨肉。" ②一、二句说：霜降季节，江水浅碧，比涨水时清澈些，水位下降，沙洲露出许多。 ③秋风飕飕有点寒凉。 ④秋风虽凉，却未将破帽吹落。这里反用东晋名士孟嘉落帽典故。陶渊明《晋故征西大将军长史孟府君传》：大将军桓温，孟嘉是其属下的长史。重阳节登高雅集，风把孟嘉的帽子吹落了，他却未察觉，依然谈笑风生。孟去厕所时，桓温命孙盛写几句话嘲笑孟，放在孟嘉座位上。孟嘉回来看到，立即提笔应对，"了不容思，文辞超卓，四座叹之"。苏轼自比孟嘉，调侃自己没有孟嘉落帽那样的潇洒故事。 ⑤这句说怎样才能不辜负这重阳佳节呢？［唐］杜牧《九日齐山登高》："但将酩酊酬佳节，不用登临恨落晖。"若：怎样，怎么，如何。 ⑥断送秋：就是送走秋天。 ⑦［宋］潘阆《樽前勉兄长》："万事到头都是梦，休嗟百计不如人。" ⑧［唐］郑谷《十日菊》："节去蜂愁蝶不知，晓庭还绕折残枝。"苏反用其意，说重阳节后，蝴蝶也会忧愁伤悲。

【评析】

重阳节登高雅集休闲散心，苏轼既懂得珍惜佳节、尽量快乐的道理，又不免想到许多不太开心的事。此时他尚未超然，他的诗词中常有世事如梦、转眼成空、不必耿耿于怀的意思，他主张通透旷达地面对一切，放下过往，珍惜当下，乐观生活，但"明日黄花蝶也愁"的情绪一时还挥之不去。

满江红

寄鄂州朱使君寿昌①

江汉西来,高楼下、蒲萄深碧②。

犹自带、岷峨云浪,锦江春色③。

君是南山遗爱守,我为剑外思归客④。

对此间、风物岂无情,殷勤说⑤。

江表传,君休读⑥。

狂处士,真堪惜⑦。

空洲对鹦鹉,苇花萧瑟⑧。

不独笑书生争底事,曹公黄祖俱飘忽⑨。

愿使君、还赋谪仙诗,追黄鹤⑩。

【注释】

①元丰四年(1081)秋作于黄州。朱寿昌时为鄂州(今武昌)太守。 ②黄州位于武昌之东,汉水汇入长江后东流。苏在黄州寄词给朱,因称"江汉西来"。作者想象登黄鹤楼看江水东流。蒲萄深碧:用葡萄颜色形容江水。 ③这三句说江水来自故乡岷峨。锦江流经成都。杜甫《登楼》:"锦江春色来天地,玉垒浮云变古今。" ④《诗经·小雅·南山有台》:"南山有杞,北山有李。乐只君子,民之父母。乐只君子,德音不已。"此句赞美

朱寿昌是仁爱太守。杜甫《闻官军收河南河北》："剑外忽传收蓟北。"此句说自己客居异乡，思蜀而难归。　⑤这三句说幸好黄州风土人情尚好。　⑥［晋］虞溥《江表传》记三国史事。裴松之注《三国志》多引此书（今已佚）。"君休读"引起下文议论。意思大约是：史书所记一时之是非，后人可能有不同理解。　⑦狂处士：指祢衡。《后汉书·祢衡传》载，祢衡天赋超常，文才过人，恃才傲物，难容于权贵，蔑视曹操、刘表，终因狂傲而被江夏太守黄祖所杀，年仅二十六岁。　⑧这句是"空对鹦鹉洲"。鹦鹉洲在今武汉市西南江中，当年黄祖杀祢衡于此，因祢衡曾作《鹦鹉赋》，后人为纪念他而称此地为鹦鹉洲。　⑨这句说不只是狂傲却无权势的祢衡，有生杀大权的曹操和黄祖也一样飘忽而逝了。　⑩谪仙：指李白。"追黄鹤"：崔颢《黄鹤楼》诗"昔人已乘黄鹤去……"李白见后一时不敢作诗，后来作了《鹦鹉洲》诗，自认不如崔诗，到南京又作《登金陵凤凰台》诗"凤凰台上凤凰游……"，感觉可以和崔诗媲美了。苏轼这两句说，往事已飘忽，太守您还是像李白一样写诗吧。

【评析】

　　此词写给朋友，诉说心情，大约有四层意思：面对从家乡流来的江水，不免想家，但谪居之人身不由己，思归而不得。幸好黄州的风物和人情还不错，使谪居的心情稍得宽慰。鄂州的鹦鹉洲令人想起祢衡的故事，天才难容于权势，令人感慨唏嘘，但想一想那些有生杀大权的人物不也一样随时光飘逝了吗？面对长江美景，我们还是超越仕宦之困扰，学学李白、崔颢，写点儿不朽的诗篇吧。诗词讲究寄托,苏轼此词寄托了自己因身世遭遇而生发的许多感慨和领悟。

江城子

陶渊明以正月五日游斜川,临流班坐,顾瞻南阜,爱曾城之独秀,乃作斜川诗。至今使人想见其处①。元丰壬戌之春,余躬耕于东坡,筑雪堂居之,南挹四望亭之后丘,西控北山之微泉②,慨然而叹,此亦斜川之游也。乃作长短句,以《江城子》歌之。

梦中了了醉中醒③。
只渊明。
是前生④。
走遍人间,依旧却躬耕⑤。
昨夜东坡春雨足,乌鹊喜,报新晴⑥。

雪堂西畔暗泉鸣⑦。
北山倾。
小溪横。
南望亭丘,孤秀耸曾城。

都是斜川当日景,吾老矣,寄余龄⑧。

【注释】

①元丰五年(1082)二月作于黄州。陶渊明于晋安帝隆安五年(401)正月十五游斜川,当时陶五十岁。斜川在今江西鄱阳湖畔。班坐:即列坐。陶诗"班坐依远流"。南阜(fù):指南面的庐山。曾城山在江西星子县西五里,一名乌石山。曾城又作层城,原指昆仑山最高层,《水经注》引《昆仑说》:"昆仑之山三级……上曰层城,一名天庭,是谓太帝之居。"陶作《游斜川》诗,序云:"辛丑正月五日,天气澄和,风物闲美,与二三邻曲,同游斜川。临长流,望曾城……悲日月之遂往,悼吾年之不留。"其诗曰:"开岁倏五十,吾生行归休……中觞纵遥情,忘彼千载忧。且及今朝乐,明日非所求。" ②元丰三年(1080)二月苏轼到黄州,寓居定慧院,五月底迁居临皋亭。元丰四年(1081)得黄州东坡旧营地数十亩,建草房十余间,名雪堂,自号东坡居士。苏轼《雪堂记》《东坡八首》序详叙此事。四望亭:在东坡雪堂南山上,唐太和中刺史刘嗣建。挹(yì):牵引,此为视野连接之意。微泉:很小的泉水。 ③了了:明白,清楚。醒:此处是韵脚,须读平声xīng。 ④前生:前辈。此处说自己与陶精神相通。 ⑤却:又,还是。躬耕:亲自耕种。这句说仕宦多年走了许多地方,又回到布衣耕种的生活。 ⑥东坡:黄州东面的山坡,此时已是苏轼谪居之地。[宋]傅幹《注坡词》:"汉武帝时,天新雨止,闻鹊声,帝以问东方朔,方朔曰:'必在殿后柏木枯枝上,东向而鸣也。'验之,果然。" ⑦雪堂:苏轼《雪

堂记》:"……作堂焉,号其正曰雪堂。堂以大雪中为之,因绘雪于四壁之间,无容隙也。起居偃仰,环顾眄睐,无非雪者。苏子居之,真得其所居者也。" ⑧斜川:就是山坡连着平川。这几句是说:"这里的东坡和陶的斜川形神俱似,主人的处境心情也多有类似,陶在斜川寄托余年,我也渐行渐老,可能要在东坡度过余生了。"

【评析】

　　第一句是反讽式表达,梦、醉和醒本是不同的精神状态,梦、醉之人最不清醒,苏轼却说这种状态下是清醒的,言外之意好像清醒时却是糊涂的。他一定是想否定现实中的某些是非曲直。表面看,他说自己这些年做了许多糊涂事,只是在遭受重创之后才清醒过来,清醒到连梦中醉中都明白了——只有陶渊明那样远离仕宦回归自然,才是最好的归宿。读懂了这个反讽,后面的话就全都明白了,每句都在讲自己的身心如何安放的问题。苏轼此时正从苦闷中超越出来,思考如何快乐生活的问题。

定风波

　　三月七日,沙湖道中遇雨。雨具先去,同行皆狼狈,余独不觉。已而遂晴,故作此词①。

莫听穿林打叶声。

何妨吟啸且徐行②。

竹杖芒鞋轻胜马③。

谁怕。

一蓑烟雨任平生④。

料峭春风吹酒醒⑤。

微冷。

山头斜照却相迎。

回首向来萧瑟处⑥。

归去。

也无风雨也无晴⑦。

【注释】

①元丰五年（1082）三月作于黄州。《东坡志林》卷一载："黄州东南三十里，为沙湖，亦曰螺蛳店，予买田其间，因往相田得疾……" ②吟啸且徐行：边漫步边吟诗或吹口哨或哼唱歌曲。啸：发声。 ③持竹杖穿草鞋走路很轻快，好于骑马。 ④穿蓑衣居乡野自由地度过一生很好。 ⑤料峭：形容春寒。 ⑥萧瑟：形容风雨声，或可引申为冷清萧条。 ⑦这句是超脱之语，意谓看透了一切。苏轼晚年在海南有《独觉》诗重复此句"回首向来萧瑟处，也无风雨也无晴"。

【评析】

　　这是苏轼谪居黄州的第三年。他援道、释哲学以化解苦闷、安顿心灵,已经超越了初到黄州时的惊恐、孤独、苦闷。"余独不觉"很有深意,表面是不觉狼狈,实际是说自己超然物外,面对风风雨雨的辛苦遭遇,能泰然处之。"莫听""何妨""谁怕""任平生"等词语,都表示这种旷达洒脱的人生态度。风雨固然难料,萧瑟亦难免,但心灵不被外物役使,却是可以自主的智慧。"徐行"是个关键词——云淡风轻,从容不迫,平和淡泊,逍遥自适,无忧无惧,波澜不惊,委运乘化,随遇而安,都可能是"徐行"的内涵。这是一种旷达乐观的精神状态,是高超的人生境界。

　　清郑文焯《手批东坡乐府》:"此足征是翁坦荡之怀,任天而动。琢句亦瘦逸,能道眼前景。以曲笔直写胸臆,倚声能事尽之矣。"清末叶恭绰《东坡乐府笺序》:"东坡之词,纯乎其胸襟见识,情感兴趣者也。规矩准绳乃其余事。故论者至以为本色而不能以学,所谓天仙化人,殆亦此意。"

浣溪沙

游蕲水清泉寺。寺临兰溪,溪水西流[①]。

山下兰芽短浸溪。

松间沙路净无泥[②]。

萧萧暮雨子规啼③。

谁道人生无再少？门前流水尚能西④。休将白发唱黄鸡⑤。

【注释】

①元丰五年（1082）三月作。蕲水，汉置蕲春县，唐初改名兰溪，唐天宝元年（742）改为蕲水县。《东坡志林》卷一清泉寺："寺在蕲水郭门外二里许。"　②白居易《三月三日祓禊洛滨》诗："沙路润无泥。"　③萧萧：象声词，形容风雨声或木叶声。白居易《寄殷协律诗》自注："江南吴二娘曲词云，萧萧暮雨郎不归。"子规，杜鹃鸟。[唐]李善注《昭明文选》引《蜀记》：蜀主杜宇号望帝，死后化为子规鸟，鸣声凄厉。　④兰溪之水西流是实景，苏轼用以隐喻世事多变而莫测。《旧唐书·卷一九一方伎传》，天台山国济寺院僧谓其徒曰："今日当有弟子自远求吾算法……门前水当却西流，弟子亦至。一行承其言而趋入，稽首请法，尽受其术焉，而门前水果却西流。"　⑤白居易《醉歌》："谁道使君不解歌，听唱黄鸡与白日。黄鸡催晓丑时鸣，白日催年酉前没。腰间红绶系未稳，镜里朱颜看已失。"苏轼反用其意，说不必伤逝叹老。

【评析】

此词表现苏轼不为逆境所困的乐观精神。上片写自然景色纯净宜人,隐喻生命境界。下片借溪水西流,说明世事自然而无定数,即如流水多向东南,而此水却向西。那么人生呢?也是有各种流向各种机会的,虽然难以预测,但只要坦然面对,顺其自然,乐观生活就是了。

西江月

顷在黄州,春夜行蕲水中。过酒家,饮酒醉。乘月至一溪桥上,解鞍,曲肱醉卧少休。及觉已晓。乱山攒拥,流水铿然,疑非人世也。书此语桥柱上①。

照野弥弥浅浪②,横空隐隐层霄③。
障泥未解玉骢骄④。
我欲醉眠芳草。

可惜一溪风月,莫教踏碎琼瑶⑤。
解鞍欹枕绿杨桥⑥。
杜宇一声春晓⑦。

【注释】

① 元丰五年(1082)三月作。蕲水,见前《浣溪沙》注。曲

肱:弯起手臂。《论语·述而》:"饭疏食饮水,曲肱而枕之,乐亦在其中矣。"攒(cuán)拥:簇拥,聚集。铿(kēng)然:形容声韵清脆。 ②此句写月光下旷野景象,沵沵(mí):水盛的样子。《诗经·邶风·新台》:"河水沵沵。" ③此句写仰望夜空的景象,层层云气依稀横在天空。 ④障泥:马鞯,用锦或布做成,垫在马鞍底下,垂马腹两旁以遮挡尘土。玉骢:毛色青白相间的马,这里用以形容坐骑。骄:马壮健貌。 ⑤可惜:可爱。琼瑶:美玉,借指旷野和溪月之美景。卓人月《古今词统》卷六:"山谷词:'走马章台,踏碎满街月。'坡公偏不忍踏碎,都妙。" ⑥欹(qī)枕:侧卧。 ⑦杜宇即子规鸟,见前《浣溪沙》注。

【评析】

此词清高超逸。陈廷焯《词则·放歌集》卷一云:"《西江月》一调,易入俚俗,稍不检点,则流于是矣。此偏写得洒落有致。"

此词与《浣溪沙》(山下兰芽)同时。后者以哲理胜,此词以意境胜。词前小序简述醉眠溪桥之事,笔致轻灵空逸,是一篇精致的叙事小品。词中溪桥月色,空灵澄澈无尘。作者解鞍欹枕于此,陶然自适,不仅忘却尘世的荣辱得失,甚至物我两忘,醉眠芳草,与自然融为一体,表现了苏轼旷达超逸的情怀。结尾那一声杜宇,唤醒醉眠之人的同时,也折射出一丝孤寂之感。

念奴娇

赤壁怀古①

大江东去,浪淘尽、千古风流人物②。
故垒西边,人道是、三国周郎赤壁③。
乱石穿空,惊涛拍岸,卷起千堆雪④。
江山如画,一时多少豪杰⑤。

遥想公瑾当年,小乔初嫁了,雄姿英发⑥。
羽扇纶巾,谈笑间、樯橹灰飞烟灭⑦。
故国神游,多情应笑我,早生华发⑧。
人生如梦,一尊还酹江月⑨。

【注释】

① 元丰五年(1082)七月作于黄州。湖北江汉间有五处名赤壁者:一是埔(pú)圻(qí)县(1998年6月更名赤壁市)长江南岸有赤壁山。《元和郡县志》称是三国赤壁战场。二是武昌县西赤矶山,《水经注》称江水"右径赤壁山北,昔周瑜与黄盖诈魏武大军所处也"。三是汉阳县西南临嶂山南峰,《太平御览》卷一六九引《荆州记》:"临嶂山南峰谓之乌林峰,亦谓之赤壁。"四是汉川县西八十里之赤壁草市。《元和郡县志》卷二八:"赤壁草市,在县西八十里……盖是侧近居人见崖岸赤色,因呼为赤

壁，非曹公败处也。"五指黄州城西之赤鼻山。苏轼《东坡志林》卷九："黄州守居之数百步为赤壁。或言即周瑜破曹公处，不知果是否。断崖壁立，江水深碧。"［宋］葛立方《韵语阳秋》卷一二说周瑜大败曹军之地，"盖谓鄂州蒲圻县赤壁也。黄州亦有赤壁，但非周瑜所战之地。东坡尝作赋曰：'西望夏口，东望武昌，非孟德之困于周郎者乎？'盖亦疑之矣。故作长短句云：'人道是三国周郎赤壁。'谓之'人道是'，则心知其非矣。" ②大江即长江。李白《庐山谣寄卢侍御虚舟》："大江茫茫去不还。"浪淘尽，比喻历史就像大浪淘沙，千古人物都随水流逝。 ③故垒：旧营垒。"人道是"表示有此一说。《三国志·周瑜传》："周瑜，字公瑾，庐江舒人也……瑜时年二十四，吴中皆呼为周郎。" ④或作"乱石崩云，惊涛裂岸"。千堆雪比喻重重叠叠的浪花。 ⑤这美丽如画的江山，那个时代有多少英雄豪杰。 ⑥乔：一作桥，姓氏。《三国志·周瑜传》："策欲取荆州，以瑜为中护军，领江夏太守，从攻皖，拔之。时得桥公两女，皆国色也。策自纳大桥，瑜纳小桥。"按赤壁之战时周瑜三十四岁，纳小乔已十年，言"初嫁"，凸显周瑜年轻，雄姿英发。 ⑦羽扇纶巾：羽毛扇、青丝巾。三国时儒将的装束。［宋］程大昌《演繁露》卷八引《语林》曰："诸葛武侯与晋宣帝战于渭滨，乘素车，着葛巾，挥白羽扇，指麾三军。"苏轼这里说的是周瑜。戴复古《赤壁》诗也以"羽扇"指周瑜："千载周公瑾，如其在目前。英风挥羽扇，烈火破楼船。"樯橹又作"强虏"。 ⑧故国：此指旧战场。"多情"句是倒装，意为"应笑我多情"。华发即白发。 ⑨人生：又作"人间"。一尊即一杯，尊通"樽"。酹：洒酒祭奠。

【评析】

　　此词怀古抒情,以旷达之心关注历史和人生,境界高远开阔,有逸怀浩气。词中江山、历史、豪杰都是"我"的参照。先说历史如大浪淘沙,只有少数豪杰能被后人景仰。然而人生有限,终将消逝。既如此,"我"当如何?

　　人生如梦是词眼,也是苏轼终生思考的问题。释家说人生如梦,强调虚无,是否定性思维。苏轼说人生如梦,只是说短暂,转瞬即逝,是肯定性思维。他不否定存在的真实性,并且主张积极地面对生活,珍惜生命。"一尊还酹江月"便是这种生命态度。其《西江月》说"世事一场大梦,人生几度秋凉",也是此意。

　　[宋]胡仔称此词"古今绝唱"(《苕溪渔隐丛话》)。[宋]俞文豹《吹剑续录》载:"东坡在玉堂,有幕士善讴,因问:'我词比柳七何如?'对曰:'柳郎中词,只好十七八女孩儿,执红牙板,唱'杨柳岸,晓风残月'。学士词,须关西大汉,执铁板,唱'大江东去'。公为之绝倒。"此词被视为豪放旷达词的标志。

　　有人挑剔此词格律,比如说"壁"字出韵。但历代次韵之作甚多,既然是"次韵","壁"处当然不能改,约定俗成,也便是规矩了。

洞仙歌

　　仆七岁时,见眉山老尼,姓朱,忘其名,年九十余。自言:尝随其师入蜀主孟昶宫中。一日大热,蜀主与花蕊夫人夜起,避暑摩诃池上，作一词。朱具能记之。今四十年，朱已死，人无知此词者，独记其首两句。暇日寻味，岂《洞仙歌令》乎？乃为足之①。

冰肌玉骨，自清凉无汗②。
水殿风来暗香满③。
绣帘开、一点明月窥人，人未寝，欹枕钗横鬓乱④。

起来携素手，庭户无声，时见疏星渡河汉⑤。
试问夜如何？夜已三更，金波淡、玉绳低转⑥。
但屈指、西风几时来，又不道、流年暗中偷换⑦。

【注释】

① 元丰五年（1082）作于黄州。晚唐五代时期，蜀后主孟昶，聪颖好学，有文学音乐才华。《十国春秋》卷四九有《后主本纪》：蜀高祖驾崩，其第三子孟昶继位。孟昶的贵妃徐氏，别号花蕊夫人，貌美聪慧。蜀宫中宜华苑有摩诃池。摩诃是梵语，意谓大、多、胜等。 ② 首二句描写花蕊夫人形貌天生丽质。《庄子·逍遥游》："藐姑射之山，有神人居焉；肌肤若冰雪，绰约若处子。" ③ 宫殿水畔间弥漫着花香和女性的幽香。王昌龄《西宫秋怨》"水殿风来珠翠香"。李白《口号吴王美人半醉》"风动荷花水殿香"。 ④ 这几句描写花蕊夫人在居室中，月光透过帘帷照见美人未睡。欹（qī）枕：斜靠着枕头。欹：通"倚"。元稹《晚

秋》："谁怜独欹枕，斜月透窗明。"欧阳修《临江仙》："水精双枕，傍有堕钗横。" ⑤晴朗的夜空可见银河。 ⑥《诗经·小雅·庭燎》"夜如何其？夜未央。"金波指月光，玉绳是星宿名，北斗七星之一。 ⑦西风几时来：意谓盛夏季节，离秋天尚远。不道：不知不觉。冯延巳《蝶恋花》"不道春将暮"。

【评析】

　　此词叙说蜀主孟昶和花蕊夫人在宫中夏夜避暑的逸事，同时寄托自己的情怀。"流年暗中偷换"是重心，全词叙说都是为了铺垫这一句，有点感伤意味：富贵华美如帝妃也难免老去，坎坷蹉跎如苏轼，也有对流年暗换的敏感和无奈。

　　此词有异说。胡仔（1110—1170）《渔隐丛话》前集卷六十引《漫叟诗话》云："杨元素作《本事曲》，记《洞仙歌》（即苏词全文，此处略）。钱塘有一老尼，能诵后主诗首章两句，后人为足其意，以填此词。余尝见一士人诵全篇云：'冰肌玉骨清无汗，水殿风来暗香暖。帘开明月独窥人，欹枕钗横云鬓乱。起来琼户启无声，时见疏星渡河汉。屈指西风几时来，只恐流年暗中换。'"这个"全篇"是《玉楼春》词牌。《漫叟诗话》这段话疑问颇多。杨元素曾为杭州太守数月，当时苏轼正在杭州通判任上。二人同时离杭，友情甚厚。杨作《本事曲》所载《洞仙歌》正是苏词，但他为何不说是苏轼所作呢？《漫叟诗话》作者（不详）说"余尝见一士人诵全篇"，是孟昶词吗？苏词和"一士人"所诵全篇，到底孰先孰后呢？综合多种典籍所言，很可能是苏轼作《洞仙歌》在前，其后有人据苏序和苏词编造了这个《玉楼春》"全篇"。邹王《校注》详列各种文献(中册第416—422页),可参。

念奴娇

中秋①

凭高眺远,见长空万里,云无留迹。
桂魄飞来光射处,冷浸一天秋碧②。
玉宇琼楼,乘鸾来去,人在清凉国③。
江山如画,望中烟树历历④。

我醉拍手狂歌,举杯邀月,对影成三客⑤。
起舞徘徊风露下,今夕不知何夕⑥。
便欲乘风,翻然归去,何用骑鹏翼⑦。
水晶宫里,一声吹断横笛⑧。

【注释】

①元丰五年(1082)中秋节在黄州作。 ②传说月亮里有宫殿、桂树,因称月亮为桂魄。[唐]段成式《酉阳杂俎》卷一:"旧言月中有桂、有蟾蜍,故异书言月桂高五百丈,下有一人常斫之,树创随合。人姓吴名刚,西河人,学仙有过,谪令伐

树。"③玉宇琼楼：传说月亮里有神仙居住的宫殿楼宇。段成式《酉阳杂俎》卷二："翟天师名乾祐……曾于江岸与弟子数十玩月，或曰：'此中竟何有？'翟笑曰：'可随吾指观。'弟子中两人见月规半天，楼殿金阙满焉。"乘鸾：《异闻录》："开元中，明皇与申天师游月中，见素娥十余人，皓衣乘白鸾，笑舞于广庭大桂树下。"清凉国：此言月宫清凉。[唐]陆龟蒙诗："溪山自是清凉国。"④烟雾笼罩的树木清楚可数。历历：清楚可见。崔颢《黄鹤楼》："晴川历历汉阳树。"⑤李白《月下独酌》："举杯邀明月，对影成三人……我歌月徘徊，我舞影零乱。"⑥《诗经·唐风·绸缪》："今夕何夕，见此良人。"⑦《庄子·逍遥游》："鹏之背，不知其几千里也，怒而飞，其翼若垂天之云。"⑧水晶宫：月宫。《逸史》："卢杞尝腾上碧霄，见宫阙楼台，皆以水晶为墙，有女子谓曰：'此水晶宫也。'"吹断横笛：形容吹笛技艺高妙。李肇《唐国史补》卷下："李舟好事，尝得村舍烟竹，截以为笛，坚如铁石，以遗李牟。牟吹笛天下第一，月夜泛江，维舟吹之，寥亮逸发，上彻云表。俄有客独立于岸，呼船请载。既至，请笛而吹，甚为精壮，山河可裂，牟平生未尝见。及入破，呼吸盘擗，其笛应声粉碎，客散不知所之。"

【评析】

此中秋词与六年前所作中秋词《水调歌头》（明月几时有）不同。此词不再担心"高处不胜寒"，也没有思亲念友，而是将人间中秋月夜与月宫想象为一体，高远，清凉，神秘，纯净，优美，人在这样的境界中，超越红尘俗事带来的一切烦恼，放飞心灵，完全沉浸在自由审美的意境中。作者当然知道人间毕竟不是天上，不是月宫，人也不是神仙，但他刻意超然物外，只体会美感，乐而忘忧。读者循着时间脉络读他在黄州的作品，仿佛看到他正在远离苦闷，超然忘忧，走近快乐。

醉蓬莱

余谪居黄州，三见重九，每岁与太守徐君猷会于栖霞楼。今年公将去，乞郡湖南，念此惘然，故作是词①。

笑劳生一梦，羁旅三年，又还重九②。
华发萧萧，对荒园搔首。
赖有多情，好饮无事，似古人贤守③。
岁岁登高，年年落帽，物华依旧④。

此会应须烂醉，仍把紫菊茱萸，细看重嗅⑤。
摇落霜风，有手栽双柳⑥。
来岁今朝，为我西顾，酹羽觞江口⑦。
会与州人，饮公遗爱，一江醇酎⑧。

【注释】

①元丰五年（1082）九月九日重阳节作于黄州。徐大受（？—1083），字君猷（yóu），东海建安（今福建南平建瓯）人，宋神宗熙宁年间进士，翰林学士，出身官宦世家，祖上皆为"循吏"（好官）。他任黄州知州近三年，苏轼正谪居于此。栖霞楼是宋代黄州四大名楼之一，在赤鼻矶上。乞郡湖南：黄州任满，徐要求调任湖南。惘（wǎng）然：惆怅不舍无奈。 ②《庄子·大宗师》："夫大块载我以形，劳我以生，佚我以老，息我以死。"羁旅：漂泊不定，客居他乡。 ③幸有重友情的好太守，不扰民、不多事，喜欢陪我饮酒。 ④落帽：陶渊明《晋故征西大将军长史孟府君传》：重阳日桓温游龙山，幕僚们陪同左右，参军孟嘉谈兴甚高，帽子被风吹落却不自知。桓温示意左右不要提醒。孟嘉如厕，桓温命孙盛作文嘲之，放在孟嘉座位上。孟嘉回来看到孙盛调侃的文字，立即挥笔应对，"了不容思，文辞超卓，四座叹之"。苏轼援引孟嘉故事，既赞美太守，也自比孟嘉。 ⑤重阳节习俗，佩戴茱萸饮菊花酒驱病除灾。重嗅：反复闻嗅。 ⑥手栽双柳：可能是纪实。次年十一月徐君猷卒于湖南任上，苏作《祭徐君猷文》和《徐君猷挽词》有句云："雪后独来栽柳处，竹间行复采茶时。" ⑦西顾：徐赴任湖南在黄州之西。酹（lèi）：洒酒于地表示心情，或祭奠，或祝愿。羽觞（shāng）：酒器。江口：是送别的渡口。这几句说你走后我会想念你，明年重阳节就只能持酒向西遥想你了。 ⑧饮公遗爱：享受好官员留下的仁爱。《汉书·叙传第七十下》："淑人君子，时同功异，没世遗爱，民有余思。"醇酎（chún zhòu）：醇厚美酒。

【评析】

这是惜别之词。徐君猷执政黄州政绩斐然,教导官吏奉公守法,深受百姓爱戴。对谪居的苏轼不但不疏远,反而百般照顾呵护,真心做朋友,为他申请城东山坡数十亩旧营地,苏轼修建"雪堂",从此自号"东坡居士"。徐不喝酒,但常携酒食看望苏轼,有时还带歌女助兴。徐是神宗熙宁年间进士,年龄或许比苏轼小,或许差不多。他有学问,淡泊名利,对苏轼敬爱有加,二人情趣相投,情谊深厚。苏轼诗词文中与徐相关的有二十余首。徐将离任,苏太多不舍,全词字里行间流露出名士风神、文人雅趣、好朋友惜别之情。

因为一年后徐便辞世了,在后人看来,有些词汇疑似"词谶",似乎隐约预示了不祥之意,如"古人贤守""醉羽觞江口""饮公遗爱"之类。

醉翁操

琅琊幽谷,山水奇丽,泉鸣空涧,若中音会。醉翁喜之,把酒临听,辄欣然忘归。既去十余年,而好奇之士沈遵闻之往游,以琴写其声,曰《醉翁操》,节奏疏宕,而音指华畅,知琴者以为绝伦。然有其声而无其辞。翁虽为作歌,而与琴声不合。又依楚词作《醉翁引》,好事者亦倚其辞以制曲。虽粗合韵度,而琴声为词所绳约,非天成也。后三十余年,翁既捐馆舍,遵亦没久矣。有庐山玉涧道人崔闲，特妙于琴。恨此曲之无词，乃谱其声，而请于东坡居士以补之云①。

琅然。
清圜②。
谁弹。
响空山。
无言。
惟翁醉中知其天。
月明风露娟娟③。
人未眠。
荷蒉过山前。
曰有心也哉此贤④。

醉翁啸咏，声和流泉⑤。
醉翁去后，空有朝吟夜怨。
山有时而童巅⑥。
水有时而回川。
思翁无岁年⑦。
翁今为飞仙。
此意在人间。

试听徽外三两弦⑧。

【注释】

①元丰五年（1082）作于黄州。苏谪居黄州，庐山崔闲来游。崔擅琴，能弹沈遵《醉翁操》琴曲，请苏轼为之填词。苏乃作此词。若中音会：流水声仿佛演奏音乐。绝伦：无与伦比。绳约：规矩约束。捐馆舍：指死亡。欧阳修卒于熙宁五年（1072）。 ②琅然：响亮。清圜（huán）：清新圆润。 ③娟娟：美好。杜甫《狂夫》："风含翠筱娟娟静。" ④《论语·宪问》："子击磬于卫，有荷蒉而过孔氏之门者，曰：'有心哉，击磬乎！'"荷蒉：背着草筐。荷蒉者是懂音乐的隐士。 ⑤这两句说欧阳修啸歌吟咏之声与山泉之声相呼应。 ⑥童巅：山顶光秃。《释名·释长幼》："山无草木曰童。"李白《蜀道难》："下有冲波逆折之回川。" ⑦常常思念醉翁，无论岁岁年年。 ⑧徽（huī）：标志、符号。琴徽，系琴弦的绳。琴面指示音节的标志为徽。引申为弹琴。《汉书·扬雄传》："今夫弦者，高张急徽。"嵇康《琴赋》"弦以园客之丝，徽以钟山之玉"。

【评析】

《醉翁操》是很特殊的词牌。此词序说明：欧阳修在滁州琅琊作《醉翁亭记》，后十年，太常博士沈遵作琴曲《醉翁操》，欧阳修为之配作歌词《醉翁引》（欧阳修《文忠集》卷十五杂文有《醉翁》详记此事）。苏轼认为欧阳翁"依楚词作《醉翁引》"，与琴声不合。又有人为《醉翁引》制曲。"虽粗合韵度，而琴声为词所绳约,非天成也。"庐山琴家崔闲请苏轼为沈遵琴曲《醉翁操》填词,苏轼乃作此词。词的句式短,韵很密,极像现场听琴,随琴声节奏缓缓吟唱。词意既合欧阳修《醉翁亭记》的意境,又有怀念醉翁之意。

满庭芳①

蜗角虚名,蝇头微利,算来着甚干忙②。
事皆前定,谁弱又谁强。
且趁闲身未老,尽放我、些子疏狂③。
百年里,浑教是醉,三万六千场④。

思量。
能几许,忧愁风雨,一半相妨⑤。
又何须,抵死说短论长⑥。
幸对清风皓月,苔茵展、云幕高张⑦。
江南好,千钟美酒,一曲满庭芳⑧。

【注释】

①元丰五年(1082)作于黄州。 ②《庄子·则阳》:"有

国于蜗之左角者，曰触氏；有国于蜗之右角者，曰蛮氏。时相与争地而战，伏尸数万，逐北旬有五日而后反。"算来着甚干忙：仔细想想，为啥瞎忙呢？ ③疏狂：疏远功名势力，放纵自由。 ④李白《襄阳歌》："百年三万六千日，一日须倾三百杯。"这几句是说：就算人生百岁，每天一醉，也不过三万六千场。 ⑤叶清臣（1000—1049）《贺圣朝》词："三分春色二分愁，更一分风雨。" ⑥抵死：拼命。 ⑦能享受蓝天白云绿草地的人生是幸运的。 ⑧孔鲋《孔丛子》："平原君与子高饮，强子高酒，曰：'昔有遗谚：尧舜千钟，孔子百觚……古之圣贤，无不能饮也。'"

【评析】

　　苏轼谪居黄州，努力超越苦闷，尽快从低沉情绪中解脱出来，快乐旷达地面对生活。这首词是他思考人生的省悟之作。他不再诉说苦闷孤独，而是援引庄子哲学，借鉴齐物论思维，把人类一切名利纷争的意义都看透看轻看小，从而超越祸福得失造成的忧愁烦恼，进而快乐轻松地珍惜时光，热爱生活。[明]潘游龙《精选古今诗余醉》："坡老此篇专在唤醒俗人，故不着一深语。"

定风波

咏红梅[①]

好睡慵开莫厌迟[②]。

自怜冰脸不时宜③。

偶作小红桃杏色④。

闲雅。

尚余孤瘦雪霜姿⑤。

休把闲心随物态⑥。

何事。

酒生微晕沁瑶肌⑦。

诗老不知梅格在。

吟咏。

更看绿叶与青枝⑧。

【注释】

①元丰五年（1082）作于黄州。范成大《范村梅谱》："红梅，粉红色。标格犹是梅，而繁密则如杏……与江梅同开，红白相映，园林初春绝景也。" ②红梅苞芽周期漫长，说它好睡慵开，是拟人笔法。莫厌迟：不要嫌它开得迟。 ③冰脸：梅花开在寒冷时，如冷艳美人。不时宜：与众不同。 ④小红：淡红。杜甫《江雨有怀郑典设》："点注桃花舒小红。" ⑤疏条瘦枝上绽放傲霜迎雪的花姿。 ⑥不要漫不经心地看花。 ⑦这句以美人酒后脸色白里透红比喻梅花。 ⑧诗老指北宋诗人石延年。石延年《红梅》诗："认桃无绿叶，辨杏有青枝。"这三句说石老诗人怎么可能"不知梅格"呢？他作诗故意求新弄巧，拉来桃、杏

作陪衬。

【评析】

　　《定风波》这个词牌与七言律诗有格式关联,是在七律基础上增加三组两字句,将第三、五、七三个本不押韵的句子转换成押三组仄韵句。苏轼作此词之前作有组诗《红梅三首》,其一曰:

　　怕愁贪睡独开迟,自恐冰容不入时。故作小红冰杏色,尚余孤瘦雪霜姿。寒心未肯随春态,酒晕无端上玉肌。诗老不知梅格在,更看绿叶与青枝。

　　诗词对照可知,此词是檃栝词,将一首七言律诗檃栝为词,词语略有变化,增加了三组两字句。

　　写梅花的诗词通常都是说它开在冰雪时节很独特,用拟花为人的手法,将其品性与人类品性互相比照。此词也是这个套路,拟红梅为美人,说它怕愁贪睡、冷艳卓然,玉洁冰清,标格独特,不同凡俗。"孤瘦雪霜姿"是点睛之处。

临江仙

夜归临皋[①]

　　夜饮东坡醒复醉,归来仿佛三更。
　　家童鼻息已雷鸣。

敲门都不应，倚杖听江声。

长恨此身非我有，何时忘却营营②。
夜阑风静縠纹平③。
小舟从此逝，江海寄余生④。

【注释】

①苏轼于元丰三年（1080）二月初一到黄州。太守陈轼将其安置在城东南的定慧院暂住，随后将城南官驿临皋亭修葺一新，苏家于五月底迁居临皋亭。七月，陈轼退休，徐君猷接任知州。次年二月，徐将城东荒坡数十亩旧营地给苏轼居住，帮他修建了草屋十余间，苏轼名之曰东坡雪堂，从此自号东坡居士。但家人仍在临皋居住了一段时间。此词说"夜饮东坡"，"归临皋"，"家童……不应"，应是家人尚居临皋之时。王文诰《苏诗总案》题作："壬戌（1082）九月，雪堂夜饮，醉归临皋作。"不知何据。　②《庄子·知北游》："舜问乎丞曰：'道可得而有乎？'曰：'汝身非汝有也，汝何得有夫道？'舜曰：'吾身非吾有也，孰有之哉？'曰：'是天地之委形也。生非汝有，是天地之委和也，性命非汝有，是天地之委顺也。'"《庄子·庚桑楚》："庚桑子曰：全汝形，抱汝生，无使汝思虑营营。"　③縠（hú）：绉纱一类的丝织品。此句说夜深无风水面平静。　④归隐江湖。

【评析】

上阕叙事,极富情趣。"醒复醉"说明酒兴很浓。"倚杖听江声"见其随缘自适、潇洒出尘之意。下阕援引庄子哲学,说只有忘却功名利禄,才能得生命之自由。"夜阑风静縠纹平"暗示心灵宁静,正是忘却营营的境界。小舟远逝就是要远离世事,将生命放归自然。这是一个从借酒销愁到顿悟超脱的过程。

叶梦得《避暑录话》卷二记载苏轼:"复与数客饮江上,夜归,江面际天,风露浩然,有当其意。乃作歌辞,所谓'夜阑风静縠纹平。小舟从此逝,江海寄余生'者,与客大歌数过而散。翌日,喧传子瞻夜作此词,挂冠服江边,拏舟长啸去矣。郡守徐君猷闻之,惊且惧,以为州失罪人,急命驾往谒,则子瞻鼻鼾如雷,犹未醒也。"

满庭芳

有王长官者,弃官黄州三十三年,黄人谓之王先生。因送陈慥来过余,因为赋此①。

三十三年,今谁存者?算只君与长江。
凛然苍桧,霜干苦难双②。
闻道司州古县,云溪上、竹坞松窗③。

江南岸，不因送子，宁肯过吾邦？

拟拟④。

疏雨过，风林舞破，烟盖云幢⑤。

愿持此邀君，一饮空缸⑥。

居士先生老矣，真梦里、相对残釭⑦。

歌声断，行人未起，船鼓已逄逄⑧。

【注释】

①元丰六年（1083）五月作于黄州。王长官事迹不详。陈慥，字季常，苏轼的好友。过：拜访、看望。 ②桧（guì）：圆柏，常绿乔木，雌雄异株，果实球形，木材桃红色、有香气，寿命可达数百年。此以苍桧喻王先生。 ③《旧唐书》卷四十《地理志》："黄州领黄冈、木兰、麻城、黄陂四县……于黄陂县置南司州。"这几句是说：听说王先生在司州古县，隐居于竹屋松窗里。 ④拟拟（chuāng）：敲击，此处形容雨声。 ⑤烟盖云幢（chuáng）：山林间的云雾。 ⑥一饮空缸：一口气把酒喝干。 ⑦作者自称东坡居士。釭：灯。 ⑧逄逄（páng）：形容鼓声。

【评析】

上片赞美王先生高人高寿，弃官隐居不轻易外出。下片说朋友们难得一见，开怀畅饮。送别时意犹未尽。时光匆匆，人生如梦，珍重友情，快意当前，这些意思贯穿在行云流水般的叙说中,亲切晤谈的场面有声有色,时而雨声搋搋,时而风动云岚,时而船鼓逢逢,生活意趣朴实优美。

鹧鸪天

时谪黄州①

林断山明竹隐墙②。
乱蝉衰草小池塘。
翻空白鸟时时现,照水红蕖细细香③。

村舍外,古城旁④。
杖藜徐步转斜阳⑤。
殷勤昨夜三更雨,又得浮生一日凉⑥。

【注释】

①元丰六年(1083)六月作于黄州。 ②林断山明:树林尽头,山峰映入视野。 ③翻空:飞翔在空中。红蕖:红色荷花。此联效杜甫诗法。杜甫《江畔独步寻花》七绝句其六:"留连戏蝶时时舞,自在娇莺恰恰啼。"其七:"繁枝容易纷纷落,嫩蕊商量细细开。"《狂夫》:"风含翠筱娟娟净,雨浥红蕖冉冉

香。" ④古城：指黄州古城。 ⑤拄着藜杖从容散步。杜甫《漫兴九首》其五："杖藜徐步立芳洲。" ⑥李涉《题鹤林寺僧舍》："因过竹院逢僧话，又得浮生半日闲。"

【评析】

　　此词描绘黄州夏日雨后的农村小景，抒写人与自然和谐相处的惬意。开头两句连用林、山、竹、墙、蝉、草、池塘七种典型意象描写夏日雨后的景物，次第从容自然。接下来以"翻空白鸟"与"照水红蕖"相对，一个诉诸视觉"时时现"，一个诉诸嗅觉"细细香"，赏心悦目，诗意盎然。下片转写心情，"徐步"是重要的意象，隐喻从容淡定的人生态度。最后两句是点睛之笔，"殷勤"是拟人化手法，将夜雨写得很有人情味，进而推出感恩之意。全词深蕴着热爱生活、善待生命之意。

十拍子

暮秋①

白酒新开九酝，黄花已过重阳②。
身外傥来都似梦，醉里无何即是乡③。
东坡日月长。

玉粉旋烹茶乳，金齑新捣橙香④。

强染霜髭扶翠袖，莫道狂夫不解狂。

狂夫老更狂⑤。

【注释】

①元丰六年（1083）九月作于黄州。　②九酝：美酒名。曹操《上九酝酒法奏》："臣县故令南阳郭芝，有九酝春酒。法用曲三十斤，流水五石，腊月二日清曲，正月冻解，用好稻米，漉去曲滓，便酿法饮。曰譬诸虫，虽久多完，三日一酿，满九斛米止。臣得法酿之，常善；其上清滓亦可饮。若以九酝苦难饮，增为十酿，差甘易饮，不病。今谨上献。"葛洪《西京杂记》："汉制，宗庙八月饮酎，用九醖太牢，皇帝侍祠。以正月旦作酒，八月成，名曰酎，一曰九醖，一名醇酎。"　③《庄子·缮性》："物之傥来，寄者也。"《庄子·逍遥游》："今子有大树，患其无用，何不树之于无何有之乡，广莫之野，彷徨乎无为其侧，逍遥乎寝卧其下；不夭斤斧，物无害者；无所可用，安所困苦哉？"《庄子·应帝王》："出六极之外，而游无何有之乡。"庄子幻想的无何有之乡，是超然物外的无忧境界。　④茶乳：将茶叶研磨成碎末再烹煮，倾倒时会有雪白的泡沫。苏轼《汲江煎茶》诗："雪乳已翻煎处脚，松风忽作泻时声。"金齑橙香：《太平御览》载杜宝《大业拾遗记》：隋炀帝时，吴郡献松江鲈鱼干脍，置盘内，取香菜花叶相间，和以细缕金橙食之。炀帝曰："所谓金齑玉脍，东南之佳味也。"齑（xiè）：多年生草本植物，地下有鳞茎，

鳞茎和嫩叶可食。 ⑤杜甫《狂夫》:"欲填沟壑唯疏放,自笑狂夫老更狂。"

【评析】

深秋饮酒饮茶吃鲈鱼,想想自己在黄州东坡谪居度日,岁月不居人渐老,有何心得呢?借助《庄子》思考人生,悟得第一义是人生如寄,人生不过百年,在无限的宇宙时空中,就像一次短暂的寄宿,很快便如梦幻般消逝,既如此,一切倘或来临的身外之事更是匆匆便成过往,因而不必太在意。第二义是"无何有"之乡,那是生命的超然境界,无忧无虑,逍遥自在。第三义是疏狂,疏远功名利禄,放开心灵,享受自由。

水调歌头

黄州快哉亭赠张偓佺①

落日绣帘卷,亭下水连空。
知君为我,新作窗户湿青红②。
长记平山堂上,欹枕江南烟雨,渺渺没孤鸿。
认得醉翁语,山色有无中③。

一千顷,都镜净,倒碧峰④。

忽然浪起,掀舞一叶白头翁⑤。

堪笑兰台公子,未解庄生天籁,刚道有雌雄⑥。

一点浩然气,千里快哉风⑦。

【注释】

①元丰六年(1083)十一月作于黄州。苏辙《黄州快哉亭记》:"清河张君梦得,谪居齐安,即其庐之西南为亭,以览观江流之胜。而余兄子瞻名之曰'快哉'。"题一作"快哉亭作"。张偓佺,即张梦得。 ②湿青红:青、红色的油漆刚刚涂上,尚未晾干。 ③因快哉亭临长江,因而联想到欧阳修任扬州太守时修建的平山堂。《舆地纪胜》:"负堂而望,江南诸山拱列檐下,故名。"欹(qī),斜倚着。孤鸿:孤独清高的大雁。苏轼生命之图腾,常常出现在其诗词中。醉翁语:指欧阳修《朝中措》词:"平山栏槛倚晴空,山色有无中。手种堂前垂柳,别来几度春风。 文章太守,挥毫万字,一饮千钟。行乐直须年少,尊前看取衰翁。" ④江水明净如镜,倒映出两岸碧绿的山峰。 ⑤一叶:像一片树叶的小舟。白头翁:老船夫。郑谷《淮上渔者》:"白头波上白头翁,家逐船移浦浦风。" ⑥兰台公子:指宋玉,曾任兰台令。《庄子·齐物论》:天籁是发于自然的声响。宋玉《风赋》:"楚襄王游兰台之宫,宋玉、景差侍。有风飒然而至。王乃披襟而当之曰:'快哉此风!寡人与庶人共者邪。'"宋玉便恭维说:吹到楚王的风是"大王之雄风",吹普通百姓的是"庶人之雌风"。刚道:硬说。这三句说宋玉不明白庄子天籁自然的道理,强把风分为"雄风"与"雌风"。 ⑦浩然气:《孟子·公孙丑》:"我

善养吾浩然之气","其为气也,至大至刚,以直养而无害,则塞于天地之间"。结尾两句说只要胸中有"浩然之气",就能享受"快哉风",并无"大王"与"庶人"、"雄风"与"雌风"之别。

【评析】

　　此词词风旷达飘逸,是苏轼豪放词代表之一。"快哉"是词眼。上片从眼前的快哉亭想到欧公平山堂。"认得醉翁语",主要应该是"行乐直须年少"之意。下片写江水澄静,忽然浪起,一位白头翁在波涛中驾一叶扁舟"掀舞"。这或许是陶渊明诗"纵浪大化中,不喜亦不惧"的境界,寄意颇深。心境若能如此,贵为君王或卑为庶人还有何区别呢?自然而然的风哪有雄雌之别,坦荡超脱之人自有浩然之气,自能享快哉之风。

　　全词视野开阔,观之"快哉"。论辩犀利,酣畅淋漓,说之"快哉"。结构流畅奔放,毫不矜持做作,一点浩然气,真抵千里快哉风。郑文焯《大鹤山人词话》云:"此等句法,使作者稍稍矜才使气,便流粗豪一派。妙能写景中人,用(因)生出无限情思。"

减字木兰花

琴[①]

神闲意定。
万籁收声天地静[②]。

玉指冰弦③。
未动宫商意已传④。

悲风流水⑤。
写出寥寥千古意。
归去无眠。
一夜余音在耳边⑥。

【注释】

①元丰七年（1084）正月作于黄州。苏轼诗《送酒与崔诚老》："雪堂居士醉方熟，玉硐（一作泂）山人冷不眠。送与安州泼醅酒，从今三日是三年。"[清]查慎行《苏诗补注》：崔诚老名闲，号玉涧道人，工于琴。先生自书此诗，首云："夜来一笑之欢，岂可多得。今日雪堂得无少寂寞耶？往安州玉泉一酌，果子少许，夜琴一弄，谁与同者，莫是木上座否？小诗漫往。" ②万籁：一切声音。 ③梁武帝《子夜歌》："朱口发艳歌，玉指弄娇弦。" ④琴之第一弦为宫，次为商。白居易《琵琶行》："未成曲调先有情。" ⑤比喻琴声。 ⑥《列子·汤问》："昔韩娥东之齐，匮粮，过雍门，鬻歌假食。既去而余音绕梁欐，三日不绝。"

【评析】

赞美崔诚老弹琴的境界，表达自己听琴的感受：纯净的琴声，纯净的心情，清高优雅的艺术感受。

满庭芳

归去来兮

元丰七年四月一日,余将去黄移汝,留别雪堂邻里二三君子。会李仲览自江东来别,遂书以遗之①。

归去来兮,吾归何处,万里家在岷峨②。
百年强半,来日苦无多③。
坐见黄州再闰,儿童尽、楚语吴歌④。
山中友,鸡豚社酒,相劝老东坡⑤。

云何。
当此去,人生底事,来往如梭⑥!
待闲看、秋风洛水清波⑦。
好在堂前细柳,应念我、莫剪柔柯⑧。
仍传语,江南父老,时与晒渔蓑⑨。

【注释】

①元丰七年(1084)四月一日作于黄州。去黄移汝:离开黄州,改任汝州(今属河南)团练副使。李翔,字仲览,湖北人,元丰进士,杨元素门下弟子,多次来黄州拜访苏轼。遗(wèi):馈赠。 ②岷(mín)峨:四川的岷山与峨眉山,此代指作者故乡。 ③强:勉强。苏轼此时四十九岁,勉强半百。韩愈《除官

赴阙至江州寄鄂岳李大夫》："年皆过半百，来日苦无多。" ④再闰：阴历三年一闰，两闰为六年。作者自元丰二年（1079）谪居黄州，元丰三年（1080）闰九月，元丰六年（1083）闰六月，故云再闰。楚语吴歌：黄州在战国时属楚地，三国时属吴地，因称楚尾吴头。这句说孩子们已经会说当地方言。 ⑤豚（tún）：猪。社酒：祭祀用的酒，此泛指酒。 ⑥底事：何事。 ⑦秋风洛水：西晋张翰在洛阳做官，见秋风起，想起故乡吴郡的菰菜、莼羹、鲈鱼脍，便弃官而归。这几句表示退隐还乡之意。洛水离汝州近，因将赴汝，所以提及洛水。 ⑧柔柯（kē）：此指细柳条。古人有折柳送别习俗。 ⑨传语：转告。江南父老：指作者邻里。时与晒渔蓑：时常晾晒一下我的渔具蓑衣，我会回来的。

【评析】

词写三层意思：思归乡里之意，蹉跎岁月的感慨，惜别之情。开头就用深长的感叹句领起，以下层层递进：想归隐却远离故乡，人生苦短却蹉跎岁月，向往自由却身不由己，恋恋不舍却不能不离别。这人生，怎么这么多纠结！一纸诏命将离黄州，本已平静的心情骤起波澜。

上片全用叙述语体，下片借用一些比喻象征手法叙说心情。用典故贴切自然，用了陶渊明、韩愈、张翰三人的诗意或故事。

阮郎归

*初夏*①

绿槐高柳咽新蝉②。

薰风初入弦③。

碧纱窗下水沉烟④。

棋声惊昼眠。

微雨过,小荷翻。

榴花开欲然⑤。

玉盆纤手弄清泉。

琼珠碎却圆⑥。

【注释】

①元丰七年(1084)四月作于兴国(今湖北阳新县)。时杨元素知兴国军,闻苏轼将离黄州,特命弟子李翔(仲览)到黄州接苏轼至兴国小聚。苏轼于四月一日离黄,水路船行七日到兴国。 ②初夏季节,槐、柳新绿,蝉始鸣。 ③薰风:暖风,指初夏时的东南风。《吕氏春秋·有始》:"东南曰薰风。"白居易《首夏南池独酌》:"薰风自南至,吹我池上林。" ④水沉:木质香料,又名沉水香,质重,入水即沉。 ⑤然:同"燃",形容石榴花红如火。 ⑥琼珠:荷叶上的水珠晶莹如玉,时圆时碎。

【评析】

十年前,杨元素和苏轼同时离开杭州,一路同行到湖州逗留,至润州分手,苏赴密州,杨赴京城。二人相敬相惜,久别重逢,心情大好。词写初夏景色,生机勃勃,清新怡人,一如二人的心情,都是久经磨难之后又有了新的生机,充满希望和愉快。

[明]陈耀文《花草粹编》卷四引《古今词话》:"观者叹服其八句状八景,音律一同,殊不散乱,人争宝之,刻之琬琰,挂于堂室间也。"[清]黄蓼园《蓼园词选》:"此词清和婉丽中而风俗自佳。"

水龙吟

雁①

露寒烟冷蒹葭老,天外征鸿寥唳②。
银河秋晚,长门灯悄,一声初至。
应念潇湘,岸遥人静,水多菰米③。
乍望极平田,徘徊欲下,依前被、风惊起。

须信衡阳万里④。
有谁家、锦书遥寄⑤。

万重云外，斜行横阵，才疏又缀⑥。

仙掌月明，石头城下，影摇寒水⑦。

念征衣未捣，佳人拂杵⑧，有盈盈泪。

【注释】

①元丰七年（1084）八月作于金陵（依薛《笺证》、邹王《校注》）。四月奉旨离黄州移汝州，从水路先经兴国与杨元素会，又游庐山，七月初过金陵，逗留月余，与王安石会。八月中旬离去。"石头城下"即金陵。唐武宗会昌二年（842）八月，北方回鹘族乌介可汗率兵南侵，边民逃亡。杜牧时任黄州刺史，闻而忧之，作《早雁》诗："金河秋半虏弦开，云外惊飞四散哀。仙掌月明孤影过，长门灯暗数声来。须知胡骑纷纷在，岂逐春风一一回。莫厌潇湘少人处，水多菰米岸莓苔。"苏轼此词咏鸿雁，多用杜牧诗中语汇。　②蒹葭：芦苇。征鸿：长途飞行的大雁。征鸿：远行之雁，引喻自己远行。嘹唳（lì）：形容雁声凄清高远。谢惠连《秋怀》："萧瑟含风蝉，嘹唳度云雁。"　③菰（gū）：水生植物，茎名茭白，米名雕菰米。这几句说潇湘一带水阔岸远，有菰米可食，适合大雁居留。　④衡阳：今湖南省衡阳市，位于湘江中游，有回雁峰，是南岳衡山七十二峰之最高峰。相传北雁南归，到此就不再向南飞了。　⑤《汉书·苏武传》有大雁传书故事："匈奴与汉和亲。汉求武等，匈奴诡言武死。后汉使复至匈奴，常惠请其守者与俱，得夜见汉使，具自陈道。教使者谓单于，言天子射上林中，得雁，足有系帛书，言武等在某泽中。使者大喜，如惠语以让单于。单于视左右而惊，谢汉使曰：'武等

实在'。"锦书:用锦写的书信。 ⑥这几句写大雁或飞成"人"字,或飞成"一"字,时散时拢,时横时斜。 ⑦仙掌:汉武帝在长安建章宫中以铜做仙人擎盘承接甘露。石头城:古代金陵的别称,即现在的南京市。《三国志·吴志》"(孙)权徙治秣陵。明年,城石头,改秣陵为建业。" ⑧拂杵(chǔ):用木捶捣洗衣服。

【评析】

　　此词为咏物体,前四句写大雁惊飞,影过皇城,鸣声回荡在长安城上空。言外之意:不知是否能引起皇宫中统治者的关注?后四句安慰大雁:胡骑尚在,春天时你们也不要急于北飞,潇湘之地也可栖居。

　　作者显然读过杜牧《早雁》诗,因同在黄州之故,也想借雁抒怀。但杜诗寄托对国事的隐忧,苏词寄托什么呢?鸿雁是苏轼生命的图腾,他二十七岁写的《和子由渑池怀旧》说人生"应似飞鸿踏雪泥",鸿雁意象隐喻的是自由、进取、随缘。而这首词的鸿雁,侧重隐喻的是漂泊,人生总在漂泊中,身不由己,自主的进取和自由没有了,剩下的只是随缘自适,随遇而安。

减字木兰花

赠润守许仲塗,且以"郑容落籍、高莹从良"为句首①。

郑庄好客②。

容我尊前先堕帻③。
落笔生风④。
籍籍声名不负公⑤。

高山白早⑥。
莹骨冰肤那解老⑦。
从此南徐⑧。
良夜清风月满湖。

【注释】

①元丰七年（1084）八月于润州席间作。许仲塗，名遵，时知润州，《宋史》有传。郑容、高莹是两位官妓。官妓从良又称落籍。②《史记·汲郑列传》：郑当时，字庄，喜游侠之事，汉景帝时任太子舍人、太史，好客，无论贵贱皆待以宾主之礼。③《晋书·庾峻传》：庾峻之子庾敳有君子名士风度，纵心事外，富有钱财但不吝啬。"雅有远韵。为陈留相，未尝以事婴心，从容酣畅，寄通而已。处众人中，居然独立。尝读《老》《庄》，曰：正与人意暗同。"他在东海王越太傅幕府供职时，有一次越太傅在酒席间问庾敳钱财之事，"敳乃頹然已醉，帻堕机上，以头就穿取，徐答云：'下官家有二千万，随公所取矣。'"帻（zé）即头巾。"尊前堕帻""孟嘉落帽"都是魏晋名士酒酣忘情的故事。④这句赞美许太守有文采，才思敏捷。杜甫赞美李白写诗"笔落惊风雨，诗成泣鬼神"。⑤籍籍：形容名气很大。

韩愈《送僧澄观》:"借问经营本何人,道人澄观名籍籍。" ⑥此句说人生易老早生白发,如高山早雪。刘禹锡《苏州白舍人寄新诗,有叹早白无儿之句,因以赠之》:"雪里高山头白早。" ⑦此句形容美女。《庄子·逍遥游》:"藐姑射之山,有神人居焉,肌肤若冰雪,绰约若处子。" ⑧润州又称南徐州。

【评析】

　　此词是藏头体,以"郑容落籍高莹从良"八字为每句开头。藏头体容易写得死板,更容易拼凑形式。但苏轼此词毫无形式约束,写得自然优雅,层次细密。内容颇有名士风神气韵,主要不是写两位官妓,而是写自己和许仲塗的精神世界,友谊情怀。好客的主人和渊雅的客人都是才华横溢的文士,惺惺相惜,美丽的官妓只是背景陪衬。主客相逢必将分别,官妓从良亦将离别,"从此南徐。良夜清风月满湖。"惜别之意深长。[宋]陈善《扪虱新话》卷九记载:二妓欲脱籍从良,请东坡帮忙在太守面前说句话,东坡就写了这首词给她们,说"太守一见便知其意"。这个故事更像是后人据藏头八字编撰的。

南歌子

别润守许仲塗①

欲执河梁手,还升月旦堂②。

酒阑人散月侵廊。

北客明朝归去、雁南翔。

窈窕高明玉,风流郑季庄③。

一时分散水云乡④。

惟有落花芳草、断人肠⑤。

【注释】

①元丰七年(1084)八月作于润州。 ②[汉]李陵《与苏武三首》之三:"携手上河梁,游子暮何之。"后代诗词常以河梁代指离别之地。《后汉书·许劭传》:"劭与靖俱有高名,好共覈论乡党人物,每月辄更其品题,故汝南俗有'月旦评'焉。"后世遂称品评人物为"月旦评"。 ③指郑容、高莹两位官妓,见前词注。 ④江南多烟雨,因称水云乡。苏轼诗《和章七出守湖州》二首之一:"方丈仙人出渺茫,高情犹爱水云乡。" ⑤曹操《蒿里行》:"生民百遗一,念之断人肠。"

【评析】

写惜别之意。所用典故如李陵与苏武河梁离别、许劭兄弟月旦评、郑庄好客等,皆名士故事。应酬之词容易流于肤浅,但在苏轼手里总有深入情怀之意趣。即如此词,他首先把对方视为可敬的名士、亲切的朋友,赞美其才华,赞美其特邀之歌女,感谢他们盛情招待,因而惜别的情绪绝非矫情做作,而是自然真诚的朋友之情。"北客明朝归去、雁南翔。""惟有落花芳草、断人肠"等句，又含有漂泊者孤独无归宿之意。

菩萨蛮①

买田阳羡吾将老②。
从来只为溪山好③。
来往一虚舟④。
聊从物外游⑤。

有书仍懒著⑥。
水调歌归去⑦。
筋力不辞诗。
要须风雨时⑧。

【注释】

①元丰七年（1084）九月作于宜兴。《东坡全集》卷八十一《与潘彦明》："……已买得宜兴一小庄，且乞居彼，遂为常人矣。"潘彦明，名丙，苏轼在黄州的朋友，苏轼离黄州时托他照看东坡雪堂。 ②阳羡：即常州（毗陵）之宜兴。 ③溪山：指阳羡的荆溪、西山。 ④虚舟：《庄子·列御寇》："巧者劳而

知者忧,无能者无所求,饱食而遨游,泛若不系之舟,虚而遨游者也。" ⑤物外游:即超然物外,遨游于山水之间,放任身心自由。 ⑥这句说本有著书事业,但现在也懒得去著书。 ⑦苏轼常用《水调歌头》词牌,诗词中也多次提到"歌《水调》"。熙宁七年(1074),他在彭城(徐州)和子由《水调歌头》云:"故乡归去千里,佳处辄迟留。我醉歌时君和,醉倒须君扶我,惟酒可忘忧。" ⑧结尾两句说虽然渐行渐老精力衰减,但风雨人生仍然还要写诗。

【评析】

　　离黄州移汝州,苏轼仍是谪宦,漂泊无定所,前途难卜,心情很是不安,寻找身心之归宿的意愿比较明显。他不知命运将会把他抛向何处,其实他是在观望、等待,看朝廷将怎样对待自己。仕宦的机遇无法自主,他能自主的,或许只是买田隐居了。老子和庄子的超然哲学宽慰着他的精神世界。苏轼真的很喜欢宜兴荆溪西山之美,熙宁七年(1074)通判杭州时就曾在宜兴买田,现在继续在宜兴买田,做隐居之计。不知他是否料到许多年后,常州真的成了他驾鹤辞世之地。

虞美人①

波声拍枕长淮晓②。

隙月窥人小③。

无情汴水自东流④。

只载一船离恨、向西州⑤。

竹溪花浦曾同醉⑥。

酒味多于泪。

谁教风鉴在尘埃⑦。

酝造一场烦恼、送人来。

【注释】

①元丰七年（1084）十一月与秦观饮于淮上，临别作。苏轼此行目的地是汝州，但他四月离黄州后顺长江而下，七月在南京逗留，八月在润州（镇江）逗留。秦观是高邮人，十多年前在徐州拜识苏轼。这次在金陵扬州一带从苏轼游。苏轼要走水路，从扬州入运河，经汴河西行往汝州方向。隋代修建的大运河（通济渠），唐宋称为汴水或汴河。秦观当是一路陪同到了淮河汴水间泗州一带，将向东返回扬州高邮方向。因而词中出现"长淮""汴水""向西州（扬州）"等地理方位。 ②长淮：淮河。波声拍枕，人在船中的感觉。 ③月光透过缝隙照进船舱。 ④汴水向东入洪泽湖，再经扬州入长江。此句说秦观将从汴水东还。 ⑤西州：扬州。白居易《长相思》："汴水流，泗水流，流到瓜州古渡头。"瓜州即扬州一带。 ⑥竹溪、花浦：应是此番苏秦同游途中的景点。 ⑦这句惋惜秦观这样有风鉴的才子埋没无闻。谁教：

谁让,谁使。风鉴:有风度有识见。

【评析】

　　秦观(1049—1100)比苏轼小十三岁,苏轼特别欣赏秦观的才华。苏轼知徐州时,二人初见。后来苏轼曾给王安石写信举荐秦观。此番重逢,秦观依旧布衣未仕。两位天才如师生如朋友,互相欣赏,同游多日,送行之际,秦观也是送了一程又一程。送君千里终须一别,因而有说不清的"离恨":"无情汴水自东流。只载一船离恨、向西州。"两人皆不知未来如何,因而也有许多"烦恼",苏轼尤其为秦观的怀才不遇而感慨,但也无奈:"谁教风鉴在尘埃。酝造一场烦恼送人来。"词的结构紧凑,两句一层意思,层层递进,自然流畅。

浣溪沙

元丰七年十二月二十四日,从泗州刘倩叔游南山①。

　　细雨斜风作晓寒。
　　淡烟疏柳媚晴滩②。
　　入淮清洛渐漫漫③。

　　雪沫乳花浮午盏④,蓼茸蒿笋试春盘⑤。

人间有味是清欢。

【注释】

①元丰七年（1084）十二月作于泗州。刘倩叔，名士彦，泗州人，生平不详。南山即泗州东南都梁山，[宋]米芾称之为淮北第一山。　②媚：美好。此处是使动用法。滩：十里滩，在南山附近。　③清洛：洛河，源出安徽定远西北，至怀远入淮河。汴河是隋代修建的运河，引黄河水。宋元丰二年（1079）四月命宋用臣"导洛通汴"（见《宋史·卷九十四·河渠四》）。因洛水比黄河水清，因称清汴。漫漫：读平声（mán），形容水势浩大。李商隐《咏史》："北湖南埭水漫漫。"　④雪沫乳花：宋人煎茶时浮起像雪一样的泡沫。苏轼《汲江煎茶》："活水还须活火烹……雪乳已翻煎处脚，松风忽作泻时声。"午盏即午茶。　⑤蓼（liǎo）茸：蓼菜嫩芽。蒿笋，芦蒿的嫩茎。春盘：旧俗，立春时用蔬菜水果糕饼等装盘馈赠亲友。

【评析】

"人间有味是清欢"是名句，从"春盘"滋味引申到人生的趣味，是一种不庸俗不油腻的名士趣味，远仕宦而近自然，清高淡泊。词的上片写登南山所见，亲近自然。下片写朋友的情趣，君子之交淡如水，却有清高脱俗的精神品位。

水龙吟

　　昔谢自然欲过海求师蓬莱,至海中,或谓自然:"蓬莱隔弱水三十万里,不可到。天台有司马子微,身居赤城,名在绛阙,可往从之。"自然乃还,受道于子微,白日仙去。子微著《坐忘论》七篇,《枢》一篇。年百余,将终,谓弟子曰:"吾居玉霄峰,东望蓬莱,尝有真灵降焉,今为东海青童君所召。"乃蝉脱而去。其后,李太白作《大鹏赋》云:尝见子微于江陵,"谓余有仙风道骨,可与神游八极之表。"元丰七年冬,余过临淮,而湛然先生梁公在焉。童颜清澈,如二三十许人。然人亦有自少见之者。善吹铁笛,嘹然有穿云裂石之声。乃作《水龙吟》一首,记子微、太白之事,倚其声而歌之①。

　　　　古来云海茫茫,道山绛阙知何处②。
　　　　人间自有,赤城居士,龙蟠凤举③。
　　　　清净无为,坐忘遗照,八篇奇语④。
　　　　向玉霄东望,蓬莱晻霭,有云驾、骖风驭⑤。

　　　　行尽九州四海,笑纷纷、落花飞絮。
　　　　临江一见,谪仙风采,无言心许⑥。
　　　　八表神游,浩然相对,酒酣箕踞⑦。
　　　　待垂天赋就,骑鲸路稳,约相将去⑧。

【注释】

①元丰七年（1084）冬作于临淮（泗州临淮郡，今江苏省盱眙县一带，在洪泽湖南）。谢自然，传说唐代贞元年间修道成仙的女子。蓬莱：《史记·秦始皇本纪》："齐人徐市等上书，言：海中有三神山，名曰蓬莱、方丈、瀛洲。仙人居之。"天台山有二：一是成都邛崃境内天台山，主峰玉霄峰海拔一千八百一十二米。古蜀国国王鳖灵在此登高祭天，汉末道家在此筑坛祭神，名为天台山。南北朝时期创建天台佛寺，初唐时火井县令袁天罡在此尊崇道教。两宋时期，天台山儒、道、佛三教并存。二是浙江会稽天台山，在天台县境内。赤城山也有两处：一是天台山系的赤城山，有十二石洞，以紫云洞和玉京洞最著名。山顶有赤城塔，是南朝梁岳阳王妃所建。李白《梦游天姥吟留别》："天姥连天向天横，势拔五岳掩赤城。"《大清一统志·台州府一·山川》载："赤城山，在天台县北六里。"孔灵符《会稽记》："赤城山，土色皆赤，状似云霞……西有玉京洞，道书以为第六洞天……即天台之南门。"胡明刚《石梁纪》（中国文史出版社2020年出版）说：天台山上石梁镇有个洞天村，村后是玉霄峰，前面是玉梭溪。玉霄峰是桐柏山九峰之一，唐代司马承祯，在此建玉霄宫（后改称洞天宫）隐居修道。《唐新语》卷十："司马承祯，字子微，隐于天台山，自号白云子，有服饵之术。则天、中宗朝频征不起。睿宗雅尚道教，稍加尊异，承祯方赴召……睿宗尝问：'……理国无为如之何？'对曰：国犹身也。《老子》曰：'游心于淡，合气于漠，顺物自然而无私焉，而天下理。'《易》曰：'圣人者，与天地合其德。'是知天不言而信，不为而成。无为之

旨，理国之要也。"李白《大鹏赋》序云："余昔于江陵，见天台司马子微，谓余有仙风道骨。"《文献通考》："天隐子，不知何许人，著书八篇，修炼形气，养和心灵，归根契于阴阳，遗照齐乎庄叟，殆非人间所能力学者也。王古以天隐子即子微也。"二是蜀中遂溪青城山。《方舆胜览》卷六十三："赤城山在蓬溪县东二里。"（蓬溪县在今四川省遂宁市）。《四川通志》卷二十五蓬溪县："赤城山在县东二里，中峰蔚然，左右环拱，上有高台五层，山皆赤土，县城旧跨其麓。"《蜀中广记》卷六引《玉匮经》曰："青城山为第五大洞，宝仙九室之天，一名赤城山，对蜀郡之西北，在岷山之南。"明《一统志》卷五：赤城山在蓬溪县东二里，中峰蔚然，左右环拱，上有七曲老人祠。蓬莱山在蓬溪县西。《大清一统志》卷三百八："赤城山，在蓬溪县东二里，中峰蔚然，左右环拱，上有高台，五层山皆赤土。县城旧跨其麓，蓬莱溪流绕其下。"东海青童君：传说东海的神仙。蝉脱（蜕）：修道者仙逝。湛然先生梁公：事不详，据此词序，应是修道高人，善吹铁笛。苏轼有《赠梁道人》诗："采药壶公处处过，笑看金狄手摩挲。老人大父识君久，造物小儿如子何。寒尽山中无历日，雨斜江上一渔蓑。神仙护短多官府，未厌人间醉踏歌。" ②绛阙：此指道家殿阁。 ③这几句赞美司马承祯有龙凤之才。 ④《史记·老子韩非列传》："李耳无为自化，清静自正。"坐忘是《庄子·大宗师》阐释的哲学概念，超然物外之意。此处指司马承祯所著《坐忘论》八篇。遗照：比喻心如明镜。《庄子·应帝王》："至人用心若镜，不将不迎，应而不藏。" ⑤从玉霄峰东望蓬莱仙境，晻（yǎn）霭（山岚雾气）朦胧，看不清是否有神仙骖（cān）

风驭气而行。　⑥司马承祯见多识广，一见李白便由衷赞美。　⑦司马承祯和李白海阔天空地神聊，纵情痛饮。八表：八方之外。箕踞：又开腿坐着。　⑧司马期待李白《大鹏赋》，相约成仙。

【评析】

此词说仙论道。写作动因是湛然先生童颜不老，又善吹铁笛，就特意选择《水龙吟》词牌，内容却不写湛然先生，而是写其同类修道成仙故事。三个故事人物谢自然、司马子微、李太白，以司马为中心。谢自然的故事广见于各种神仙书籍。《太平广记》卷二十一引《续仙传》："蜀女真谢自然泛海，将诣蓬莱求师。船为风飘到一山，见道人指言天台山司马承祯，名在丹台，身居赤城，此真良师也。蓬莱隔弱水三十万里，非舟楫可行，非飞仙无以到。自然乃回求承祯，受度后白日上升而去。承祯居山修行勤苦，年一百余岁，童颜轻健，若三十许人。有弟子七十余人。一旦告弟子曰：吾自居玉霄，东望蓬莱，常有真灵降驾。今为东海青童君东华君所召，必须去人间。俄顷气绝，若蝉蜕然解化矣。弟子葬其衣冠尔。"《太平广记》卷六十六又引《女仙》："谢自然者，其先兖州人，父寰，居果州南充……自然性颖异，不食荤血，年七岁，母令随尼越惠，经年以疾归。又令随尼日朗，十月求还。常所言多道家事，词气高异。其家在大方山下，顶有古像老君。自然因拜礼，不愿却下。母从之，乃徙居山顶。自此常诵《道德经》《黄庭内篇》……于金泉道场白日升天，士女数千人咸共瞻仰……五色云遮亘一川，天乐异香散漫弥久。所着衣冠簪帔一十事，脱留小绳床上，结系如旧。"[宋]邵博《闻见后录》

卷十六辨谢自然从司马子微修道之事不实："子微以开元十五年死于王屋山。自然生于大历五年，至贞元十年仙去。是子微死四十三年，自然始生。乃云自然授道于子微亦误也。"

苏轼熟知这些故事，他无意辨其虚实，只是因湛然先生引发联想，词序叙说三位道家人物之梗概，词则主要是写司马子微和李白的故事。开头"古来云海茫茫，道山绛阙知何处"就说明这些故事云里雾里的，难证虚实。上片写司马子微是高人，下片写司马子微遇李白，两位高人惺惺相惜。苏轼有没有寄托呢？李白和苏轼都是罕见的天才，李白遇到了高人司马子微，被称"有仙风道骨"，从此有了"谪仙"称谓，而苏轼呢？谁来识鉴？或许苏轼对此也不太在意，他只是由衷地赞美和羡慕"仙风道骨"，神往那种自由清静真实超逸的生命境界。

满庭芳

余年十七，始与刘仲达往来于眉山。今年四十九，相逢于泗上。淮水浅冻，久留郡中，晦日同游南山，话旧感叹，因作此词。①

三十三年，飘流江海，万里烟浪云帆②。
故人惊怪，憔悴老青衫③。
我自疏狂异趣，君何事、奔走尘凡④。
流年尽，穷途坐守，船尾冻相衔⑤。

巉巉⑥。

淮浦外，层楼翠壁，古寺空岩⑦。

步携手林间，笑挽扦扦⑧。

莫上孤峰尽处，萦望眼、云海相搀⑨。

家何在，因君问我，归梦绕松杉⑩。

【注释】

①元丰七年（1084）十二月末（晦日）作于泗州临淮郡。苏轼十二月初到泗州，因河水结冰船不能行而逗留。遇到眉山老友刘仲达，同游南山作此词。　②三十三年：从十七岁与刘来往于眉山，到现在四十九岁已有三十三年。　③说自己形容憔悴，仕途落魄，日渐衰老，老朋友相见很惊异。白居易《琵琶行》："江州司马青衫湿。"苏轼常说自己"出处依稀似乐天。"　④疏狂：疏远世事，放纵心情。白居易常自称疏狂，苏轼亦然。　⑤穷途：通常指人生无路可走。实际上因河水结冰，船不能行。　⑥巉（chán）：形容山势高峻。　⑦这几句写淮河岸边南山和古寺的形貌。　⑧扦扦（qiān）：互相拉着手。　⑨登高下望云海相连，就像人互相搀扶。　⑩苏轼词写到家乡，时有松杉出现，如《江城子》"料得年年肠断处，明月夜，短松冈"。

【评析】

写漂泊之感。"穷途坐守"是个关键词，仕宦前途难料，冰阻行程，恰好遇到少年时代故乡的好朋友，不禁感慨万千，难免勾起思乡归隐之意。词的叙事性很强，很像一个有故事的场景，联结起往昔和当下，故事里有丰富的心情。

满庭芳

余谪居黄州五年，将赴临汝，作《满庭芳》一篇别黄人。既至南都，蒙恩放归阳羡，复作一篇①。

归去来兮，清溪无底，上有千仞嵯峨②。

画楼东畔，天远夕阳多。

老去君恩未报，空回首、弹铗悲歌③。

船头转，长风万里，归马驻平坡④。

无何⑤。

何处有，银潢尽处，天女停梭⑥。

问何事人间，久戏风波⑦。

顾谓同来稚子，应烂汝、腰下长柯⑧。

青衫破，群仙笑我，千缕挂烟蓑⑨。

【注释】

① 元丰八年（1085）二月作于南都（今河南省商丘市）。"余

谪居黄州五年"（1080年2月—1084年4月），实际四年半，经历五个春天。临汝即河南汝州，南都即南京应天府（今商丘）。阳羡即宜兴，当时属常州所辖。　②清溪：阳羡的荆溪。千仞（rèn）嵯（cuó）峨：高峻的山峰。一仞约七尺或八尺。　③《战国策·齐策》："齐人有冯谖者，贫乏不能自存，使人属孟尝君，愿寄食门下。孟尝君……受之……居有顷，倚柱弹其剑，歌曰：'长铗（jiá）归来乎，食无鱼。'左右以告孟尝君，曰：'食之比门下之客。'居有顷，复弹其铗歌曰：'长铗归来乎，出无车。'左右皆笑之，以告孟尝君，曰：'为之驾，比门下之车客。'于是乘其车，揭其剑，过其友曰：'孟尝君客我。'"后来孟尝君有难，幸亏冯谖为之早备"三窟"，使其高枕为乐，"为相数十年，无纤介之祸者，冯谖之计也"。　④归马驻平坡：快马疾驰，形容盼归阳羡的急切心情。　⑤无何：《庄子·逍遥游》中描述的"无何有之乡"，无俗务，无利害，超然物外。　⑥银潢（huáng）：指银河、天潢星。天女即织女。停梭：就是不织布，不必劳累了。　⑦久戏风波比喻仕宦争斗。　⑧稚子：随行的幼子苏过十四岁。任昉《述异记》卷上："信安郡石室山，晋时王质伐木至，见童子数人棋而歌，质因听之。童子以一物与质，如枣核。质含之，不觉饥。俄顷，童子谓曰：'何不去？'质起，视斧柯烂尽。既归，无复时人。"柯：斧柄。　⑨这几句形容官服破旧，如烟云中神仙的羡衣丝丝缕缕。

【评析】

苏轼乞居常州，朝廷下诏同意了，但他仍是罪臣身份，所以如愿归隐的轻松远不能宽慰其谪宦心情,他仍然心事重重,感慨"君恩未报",实际是感叹怀才不遇。话里话外表面说归隐山林,实则是自嘲自伤,各种不甘心。"天远夕阳多"应该不只是黄昏景象。自屈原以来,诗歌中往往用远离阳光隐喻远离君王,不被重用。

蝶恋花

述怀①

云水萦回溪上路②。
叠叠青山,环绕溪东注③。
月白沙汀翘宿鹭④。
更无一点尘来处。

溪叟相看私自语。
底事区区,苦要为官去⑤。
尊酒不空田百亩。
归来分得闲中趣⑥。

【注释】

① 元丰八年(1085)六月作于宜兴(别名阳羡、荆邑,在太

湖西岸）。朝廷起用苏轼知登州，心绪复杂，有些不舍。　②溪上：荆溪。　③此指环绕荆溪的群山。溪水东入太湖，因称东注。　④沙汀：水中或水边的沙地。翘（qiáo）宿鹭：翘着长尾的鹭鸟栖宿于此。　⑤钓鱼或捕鱼的老翁们悄悄议论苏轼：他干吗非得辛辛苦苦去做官呢？　⑥《后汉书·孔融传》："性宽容少忌，好士，喜诱益后进。及退闲职，宾客日盈其门。常叹曰：'坐上客恒满，尊中酒不空，吾无忧矣。'"《晋书·陶潜传》："潜为彭泽令，在县公田悉令种秫穀，曰：'令吾常醉于酒足矣。'"他辞官归隐时作《归去来兮辞》曰："有酒盈樽。引壶觞以自酌，眄庭柯以怡颜。倚南窗以寄傲，审容膝之易安……云无心而出岫，鸟倦飞而知还。"

【评析】

苏轼此时处在仕途最敏感时期，长达五年多的谪宦生涯眼看就结束了，但未来尚难预料。神宗赵顼英年早逝，享年三十八岁，共在位十八年，年号为熙宁（十年）、元丰（八年）。他推行的新法备受争议。由于继位的宋哲宗只有十岁，就由高太后执政。高太后不赞成神宗变法，起用司马光等反对变法改革的大臣。苏轼受命知登州，是被起用的兆头，但经历"乌台诗案"和谪居生涯后，他好像对官场、世事、人生看透想通了许多，因而颇有陶渊明所谓"不喜不惧"的态度，"底事区区，苦要为官去"正是他此时真实的内心纠结，仕宦和自由，到底该如何取舍呢？纠结归纠结，其实他并无选择的自由，因此他还是一贯的态度——听天由命，随缘而已。

定风波

　　王定国歌儿曰柔奴,姓宇文氏,眉目娟丽,善应对,家世住京师。定国南迁归,余问柔:"广南风土应是不好?"柔对曰:"此心安处便是吾乡。"因为缀词云。

常羡人间琢玉郎。
天教分付点酥娘②。
自作清歌传皓齿。
风起。
雪飞炎海变清凉。

万里归来颜愈少。
微笑。
笑时犹带岭梅香③。
试问岭南应不好。
却道。此心安处是吾乡。

【注释】

　　①元祐元年(1086)二月作于东京(汴梁,今开封)。王巩,字定国,祖父王旦是真宗朝宰相,父亲王素在仁宗朝官至工部尚书。《续资治通鉴长编》卷四五九:"巩奇俊有文词,然不就规检,喜立事功,往往犯分,躁于进取。苏辙兄弟奖引之甚力。

然好作论议夸诞，轻易臧否人物，其口可畏。所喜所不喜，别白轻重，无所顾忌。以是颇不容于人。昔坐事窜南荒三年，安患难，一不戚于怀。归来颜色和豫，气益刚实。"苏轼《王定国诗集叙》："定国以余故得罪，贬海上三年，一子死贬所，一子死于家，定国亦病几死。余意其怨我甚，不敢以书相闻。而定国归至江西，以其岭外所作诗数百首寄余，皆清平丰融，蔼然有治世之音。……昔日定国过余于彭城，留十日，往返作诗几百余篇。余苦其多，畏其敏，而服其工也。一日定国与颜复长道游泗水，登桓山，吹笛饮酒，乘月而归。余亦置酒黄楼上以待之，曰：李太白死，世无此乐三百年矣。" ②[宋]傅幹《注坡词》："琢玉郎，言其美姿如玉也……点酥娘，言其如凝酥之滑腻也。" ③《岭梅》六帖："庾岭上梅花，南枝已落，北枝方开，寒暖之候异也。"

【评析】

此词情怀温润亲切，饱含对朋友的关爱和欣赏。叙事优雅风趣，赞美一对玉人伉俪虽遭贬谪却从容优雅，苦中作乐。修辞美丽活泼，多用"通感"（参钱钟书《论通感》）。"琢玉郎"三字简洁明快地形容一位贵族美男。而主要篇幅则用来赞美歌女，先欣赏其形貌之美，"点酥娘"或许是歌女的艺名，从视觉到触觉表现青春女子鲜活美艳的形貌。继而描述其歌声如炎炎酷热时的冰雪清风，驱烦消暑。这形容新奇别致，歌声本是听的，像清风像冰雪，则形诸触觉视觉和感觉。她的美更在情韵，气质如梅花般高洁芬芳。"笑时犹带岭梅香"又是通感，"笑"本诉诸视觉和听觉，"香"却是嗅觉。词序说酥娘"善应对"，这句把她写得口吐芬芳，笑容优雅。最后两句问答，特写情怀智慧：云淡风轻地面对苦难，从容乐观地理解生活，无怨无悔地追随爱情。如此通透的智慧和深挚的爱，能化艰辛为幸福，解苦难为快乐，变失意为得意。艰苦的贬谪岁月被她解释得活色生香。

读者可能会怀疑这位"点酥娘"有没有这么高深，但绝不会怀疑作者正是如此高深通达的智者和审美达人。苏轼一生都秉持这样的智慧，深得道家哲学自由快乐，儒家哲学独善其身，释家哲学随遇而安之妙理。这首词表面是赞美朋友，其实是夫子自道，当然更是共慰和共勉。

此词结构紧凑有序，层层深入地赞美朋友，最后陡然推出一个朴实优雅的人生境界——此心安处是吾乡。这个"吾乡"当然要理解为安顿身心之处。这种精神境界能让悲伤者快乐，让漂泊者心安，让无奈者随缘。

"试问"句特有深味，王定国夫妻远谪岭南，厚道的苏轼深怀歉意，觉得自己连累了他们。他问得小心翼翼，关切又委婉，满满的慰藉和歉疚之意："你们受苦了吧？"

"却道"二字使全词意蕴陡转，一切歉意和沉重都变为云淡风轻的释然，小心翼翼的试探引出亲切轻松的默契，寻常的灰暗陡然变得高华壮亮。

如梦令

寄黄州杨使君二首①

为向东坡传语。
人在玉堂深处②。
别后有谁来,雪压小桥无路③。
归去。
归去④。
江上一犁春雨。

如梦令

手种堂前桃李⑤。
无限绿阴青子。
帘外百舌儿,惊起五更春睡⑥。
居士。
居士⑦。
莫忘小桥流水⑧。

【注释】

①元祐元年（1086）秋冬作于东京（今河南省开封市），时任翰林学士。杨使君，时任黄州太守的杨寀（字君素），蜀人，比苏轼年长。黄州太守徐君猷的继任，与苏轼有八个月的交往。　②玉堂：指翰林苑。　③别：指离开黄州时与邻人分别。小桥：指东坡雪堂正南的小桥。　④归去：离开仕途归隐田园。江上一犁春雨：长江边，春耕时节，春雨湿润了土地。　⑤在雪堂亲手栽种的桃李，应该结了不少小果子了。　⑥百舌儿：黑身黄嘴，似伯劳鸟而体小，鸣声变化多端，因称百舌。　⑦居士：有二义：《韩非子》称居士为"道艺处士"，即有才有德却隐居不仕的士人。二是佛门敬称捐"功德钱"的施主。苏轼在黄州东坡躬耕田园，自号"东坡居士"。　⑧小桥流水：雪堂西有北山之微泉，南有四望亭，有小桥流水。

【评析】

在京城翰林院公务之余，想念黄州的故居和朋友了。词写得亲切清新，"雪压小桥"，"绿阴青子"，"百舌"鸣叫，都很有现场感，一派浓郁的生活气息。"一犁春雨"最好，新颖生动巧妙，用"一犁"做春雨的量词，有深度，有季节感，还有农事生动之感。词意轻松明快，虽说很惦念，很想回去看看，是真实的心情，但也真的回不去，公务繁忙，只能说说而已。

哨遍

春词①

睡起画堂,银蒜押帘,珠幕云垂地。
初雨歇,洗出碧罗天,正溶溶养花天气②。
一霎时、风回芳草,荣光浮动,卷皱银塘水③。
方杏靥匀酥,花须吐绣,园林排比红翠④。
见乳燕捎蝶过繁枝。忽一线炉香逐游丝。
昼永人间,独立斜阳,晚来情味⑤。

便乘兴携将佳丽。
深入芳菲里。
拨胡琴语,轻拢慢捻总伶俐⑥。
看紧约罗裙,急趋檀板,霓裳入破惊鸿起。
颦月临眉,醉霞横脸,歌声悠扬云际⑦。

任满头红雨落花飞。
渐鸬鹚楼西玉蟾低⑧。
尚徘徊、未尽欢意。
君看今古悠悠,浮幻人间世。

这些百岁,光阴几日,三万六千而已⑨。
醉乡路稳不妨行,但人生、要适情耳⑩。

【注释】

① 元祐三年(1088)春作于东京。周密《癸辛杂识·别集》:汴京相国寺"殿外有石刻,东坡题名云:苏子瞻、子由、孙子发、秦少游同来观晋卿墨竹。申先生亦来,元祐三年八月五日老申一百一岁。又片石刻坡翁草书《哨遍》,石色皆如元玉。"哨遍:词牌名。双调二百零三字,上片十八句五仄韵、两叶韵,下片十九句九仄韵、两叶韵。现存词牌中超过二百字的长调有四种:《莺啼序》(240字),《胜州令》(215字),《戚氏》(212字),《哨遍》(203字)。苏轼作过一首《戚氏》,二首《哨遍》。 ② 居室有雕刻壁画,珠玉制作的窗帘和门帘有彩云图饰,有银质蒜形坠饰。雨后天清,蓝天如洗,牡丹花开的暮春时节,温度和暖,正宜养花。 ③ 不经意间(一霎 shà)芳草回绿,草木焕发荣光,池塘水面被微风吹皱。 ④ 杏靥(yè):本指面颊上的酒窝,这里形容杏花。 ⑤ 乳燕和蝴蝶飞过枝头,香炉里烟丝袅袅。白天悄然变长了。 ⑥ 携佳人到花草间,听她们弹奏琵琶。轻拢慢捻(niǎn),手法伶俐。 ⑦ 这几句写演奏者衣着得体,表情丰富,意态陶醉,演奏有板有眼,《霓裳羽衣曲》悠扬优美,响入云天,天空似有惊鸿翩翩。 ⑧ 落花如红雨,渐近黄昏,鸡(zhī)鹊楼头明月升起。玉蟾(chán):月亮。 ⑨ 人生若百年,也不过三万六千日而已。 ⑩ 饮酒陶醉也无妨,只要开心就好。

【评析】

　　苏词中只有两首《哨遍》,一首作于黄州,因东坡雪堂而檃栝陶渊明《归去来兮辞》,写的完全是归隐田园的意趣。此首作于东京,苏轼时任中书舍人、翰林学士知制诰兼皇帝侍读(经筵讲席),处境和心情全然不同,一派富贵气象中,依然思考富贵也终如云烟飘逝,人生不过"适情而已"。上片写春日皇宫景象,中阕描写文艺场面和文士情趣,下片写心情,忖度人生至理。黄州之后的苏轼,更加超然于富贵贫贱之外,已经拥有不喜不惧,荣辱不惊的心态。[清]许昂霄《词综偶评》说此词:"先言景后言情,先言昼后言夜,层次一丝不紊。"

西江月

送钱待制穆父[①]

莫叹平齐落落,且应去鲁迟迟[②]。
与君各记少年时[③]。
须信人生如寄[④]。

白发千茎相送,深杯百罚休辞[⑤]。
拍浮何用酒为池[⑥]。

我已为君德醉⑦。

【注释】

①元祐三年(1088)九月作于东京。钱穆父,名勰(1034—1097),真宗朝名臣钱惟演的从孙。《宋史·钱惟演传》后附:"勰字穆父,彦远之子也,生五岁日诵千言,十三岁制举之业成,熙宁三年试应,既中秘阁选,廷对入等矣。"哲宗元祐元年(1086)以龙图阁待制权知开封府。三年知越州……绍圣元年(1094)除翰林学士知制诰兼侍读,后罢知池州,入元祐党人籍。 ②《后汉书》卷四十九:汉光武帝拜耿弇为建威大将军,东攻齐地,大破张步二十万军,帝亲至临淄劳军,谓弇曰:"将军前在南阳建此大策,常以为落落难合。有志者事竟成也。"《孟子·万章下》:"孔子……去鲁曰:迟迟吾行也。"苏轼用这两个典故安慰钱穆父:你忠于职守,却遭弹劾出知越州,希望"莫叹"。应该像孔子离开鲁国那样"迟迟",不要走得太急。 ③苏轼与钱勰并非少年朋友,这句的意思可能是:你我都成名较早,要相信自己的才华,保持初心。 ④人生如寄是苏轼反复咏叹的生命意识,人生短暂,如暂时寄居于天地之间。言外之意很丰富,有许多可能,或导向虚无,或导向珍惜,或导向超然。苏轼一直持有的理念是既超然又珍惜。 ⑤杜甫《乐游园歌》:"数茎白发那抛得,百罚深杯亦不辞。" ⑥《世说新语·任诞》:"毕茂世云:一手持蟹螯,一手持酒杯,拍浮酒池中,便足了一生。"苏轼《莫笑银杯小答乔太傅》:"陶潜一县令,独饮仍独醒。犹将公田二顷五十亩,种秫作酒不种秔……万斛船中着美酒,与君一生长拍浮。" ⑦《诗经·大

雅·既醉》:"既醉以酒,既饱以德。君子万年,介尔景福。"朱熹注:"言享其饮食恩惠之厚,而愿其受福如此也。"

【评析】

　　天才相交,常有惺惺相惜之意。苏轼此词语短意深,首先赞美钱穆父可与前贤相比,其次为其贬职外放鸣不平,再宽慰他不要太介意,要自信,自守。此番离京也不要走得太急,朋友们都很不舍,要为你饯行呢,今天我送你,咱们都开怀畅饮吧,你的才华和品德早已令我钦敬陶醉了。说得真好,太有情怀!

行香子

茶①

绮席才终。

欢意犹浓。

酒阑时、高兴无穷。

共夸君赐,初拆臣封。

看分香饼,黄金缕,密云龙②。

斗赢一水,功敌千钟③。

觉凉生、两腋清风。

暂留红袖，少却纱笼。
放笙歌散，庭馆静，略从容④。

【注释】

①元祐四年（1089）秋作于杭州。这年三月，诏命苏轼知杭州，四月出京，七月到杭。离京时，宣仁皇太后"遗内侍赐龙茶、银合"（苏辙《亡兄子瞻端明墓志铭》）。 ②上片写宴席之后众人未散，拆封御赐龙茶共饮。傅幹《注坡词》："供御茶品曰龙茶，为云龙之象，以金缕之。"杨慎《词品》卷三："密云龙，茶名，极为甘馨。"欧阳修《归田录》卷下："茶之品莫贵于龙凤，谓之团茶，凡八饼重一斤。庆历中蔡君谟为福建路转运使，始造小片龙茶以进。其品绝精，谓之小团。凡二十饼重一斤，其价值金二两。然金可有，而茶不可得。每因南郊致斋中书、枢密院各赐一饼，四人分之。官人往往缕金花于其上，盖其贵重如此。" ③《浙江通志》卷一百五："江邻几杂志：苏才翁尝与蔡君谟斗茶，蔡茶水用惠山泉，苏茶小劣，改用竹沥水煎，遂能取胜。"因茶能消酒，故曰功敌千钟。 ④这几句说且命笙歌散去，留下红袖继续侍茶，大家从容品尝。[宋]吴处厚《青箱杂记》卷六："世传魏野尝从莱公（寇准）游陕府僧舍，各有留题。后复同游，见莱公之诗已用碧纱笼护，而野诗独否，尘昏满壁。时有从行官妓，颇慧黠，即以袂就拂之。野徐曰：'若得常将红袖拂，也应胜似碧纱笼。'莱公大笑。"

【评析】

离开京城到了杭州太守任上,苏轼的心情似乎轻松了许多。和朋友们宴饮之后,又从容品茶,茶是太后赏赐的,除了味道不错,更有一种荣宠的意味。对京城的怀念或许也深寓其中。会品茶的人,通常也善于品味生活,何况这茶来历特殊,耐人寻味。

点绛唇

己巳重九和苏坚①

我辈情钟,古来谁似龙山宴②。
而今楚甸③。
戏马馀飞观④。

顾谓佳人,不觉秋强半⑤。
筝声远。
鬓云吹乱。
愁入参差雁⑥。

【注释】

① 己巳重九是元祐四年(1089)重阳节,此时苏轼已到杭

州太守任上。苏坚,字伯固,号后湖居士,泉州人,官至建昌军通判。此时以临濮县主簿监杭州商税,是苏轼属下,与苏轼交往颇密,唱和甚多。苏轼《端石砚铭并引》:"苏坚伯固……我友三益。"《苏轼诗集》卷三二《次韵苏伯固主簿重九》诗下施注有苏坚事迹。苏坚与黄庭坚交厚,1105年黄庭坚病逝于广西宜州南楼,四年后苏坚扶黄庭坚灵柩至江西省修水县双井村安葬于黄氏墓园。　②《世说新语·伤逝》:"王戎丧儿万子。山简往省之,王悲不自胜。简曰:孩抱中物,何至于此。王曰:圣人忘情,最下不及情,情之所钟,正在我辈。"龙山宴:陶渊明《晋故征西大将军长史孟府君传》:孟嘉在大将军属下做长史。"九月九日,温游龙山,参佐毕集,四弟二甥咸在坐。时佐吏并着戎服,有风吹君帽坠落。温目左右及宾客勿言,以观其举止。君初不自觉,良久如厕。温命取以还之。廷尉太原孙盛为咨议参军,时在坐。温命纸笔,令嘲之。文成示温。温以着坐处。君归见嘲,笑而请笔作答。了不容思,文辞超卓,四座叹之。"苏轼这两句说:桓温和孟嘉是钟情有趣的大名士,龙山宴上孟嘉落帽那样的潇洒故事,后来罕见了。　③"楚甸""戏马"应是指徐州戏马台。不知作者为何提及,待考。　④佳人指弹筝的乐妓。秋强半,即重阳时节。　⑤参差雁:筝柱斜列,参差如雁行。

【评析】

　　重阳节登高观景听琴,场景和情怀正与前代名士相似,风神高远,气韵超然。苏坚是下属,是晚辈,苏轼诗词书信中与苏坚相关者不少,显然很器重也很赏识他。他对苏轼很崇敬,此后即便苏轼谪惠谪儋，他一直常致问候，是个很重情义、很有风怀的文士，文才也不错，苏轼与之常有诗词酬唱。

临江仙

疾愈登望湖楼赠项长官①

多病休文都瘦损，不堪金带垂腰②。
望湖楼上暗香飘③。
和风春弄袖，明月夜闻箫④。

酒醒梦回清漏永，隐床无限更潮⑤。
佳人不见董娇饶⑥。
徘徊花上月，空度可怜宵⑦。

【注释】

①元祐五年（1090）二月作于杭州。望湖楼又名看经楼，969年忠懿王钱氏建，去钱塘江一里。项长官事未详。　②〔南朝·梁〕沈约字休文，体弱多病。成语"沈腰潘鬓"的沈就是沈约。高官服饰有金带。这位项长官应是瘦弱体形，苏轼以前代著名文学家沈约相比，说明项也是有才华的文士。　③林逋《梅

花》:"疏影横斜水清浅,暗香浮动月黄昏。" ④杜牧《寄扬州韩绰判官》:"二十四桥明月夜,玉人何处教吹箫。" ⑤清漏:古代滴水计时的仪器。又名漏壶、漏刻。滴水发出均匀清响,故称清漏。永:长。隐床:倚床。沈约《夜夜曲》:"月辉横射枕,灯光半隐床。"无限更潮:无休无止的潮水声。 ⑥《玉台新咏》卷一有宋子侯《董娇饶》诗。娇饶指佳人美女。杜甫《春日戏题恼郝使君》:"细马时鸣金騕褭(niǎo),佳人屡出董娇饶。" ⑦《太平广记》卷三百二十六引《异闻录》:"沈警字玄机,吴兴武康人也,美风调,善吟咏,为梁东宫常侍,名著当时。每公卿宴集,必致骑邀之。语曰:'玄机在席,颠倒宾客……'暮宿传舍,凭轩望月作《凤将雏含娇曲》,其词曰:'命啸无人啸,含娇何处娇。徘徊花上月,空度可怜宵。'"

【评析】

之前苏轼做杭州通判时有《诉衷情·送述古迓元素》词曰:"钱塘风景古来奇。太守例能诗。"现在他也是一位"能诗"的杭州太守了,尤其才华横溢,风流儒雅。和他交往的朋友能被他纳入诗词,通常是有才华的儒雅文士。他们在美丽西湖的山水楼台之间吟诗作歌,听琴看舞。后人读其词,可以想见当时的风雅场景。

南歌子

钱塘端午①

山与歌眉敛,波同醉眼流②。
游人都上十三楼③。
不羡竹西歌吹、古扬州④。

菰黍连昌歜,琼彝倒玉舟⑤。
谁家水调唱歌头⑥。
声绕碧山飞去、晚云留。

【注释】

①元祐五年(1090)端午节作于杭州。 ②这两句形容西湖山如美人眉黛,水如美人眼波。 ③十三楼:杭州名胜。[南宋]陈鹄《耆旧续闻》:"十三间楼在钱塘西湖北山。" ④扬州有竹西亭。此谓杭州十三楼歌舞繁华,不亚于扬州竹西亭。 ⑤菰黍:用菰叶包裹的粽子。昌歜(cǎn):以菖蒲嫩茎切碎加盐制作的食物,名菖蒲葅。琼彝:玉制的酒器。玉舟:玉制的酒杯。 ⑥水调唱歌头:即唱《水调歌头》。《锦绣万花谷·后集》卷三十二引《明皇杂录》:"帝潜邸,于西南隅起花萼、相辉二楼,与诸王游处。禄山犯顺,乘舆以闻,议欲迁幸,置酒楼上,命作乐,有进《水调歌》者曰:'山川满目泪沾衣,富贵荣华得几时!不见只今

汾水上,惟有年年秋雁飞。'上问谁为此词?曰李峤。上曰:'真才子也。'遂不终饮而去。"

【评析】

端午节情景。太守与游人同登十三楼赏景餐饮,吃应时食品,听《水调歌头》。苏词多次提到杭州民间唱《水调》歌,可知一时风会。[明]杨慎《草堂诗余》卷一:"端午词多用汨罗事,此独绝不涉,所谓善脱套者。"

鹊桥仙

七夕和苏坚韵①

乘槎归去,成都何在,万里江沱汉漾②。
与君各赋一篇诗,留织女、鸳鸯机上③。

还将旧曲,重赓新韵,须信吾侪天放④。
人生何处不儿嬉,看乞巧、朱楼彩舫⑤。

【注释】

①元祐五年(1090)七夕作于杭州。苏坚,字伯固,号

后湖居士,泉州人,官至建昌军通判。此时以临濮县主簿监杭州商税,与苏轼交往颇密,唱和甚多。苏轼主持开浚盐桥、茅山二河及修浚西湖,苏坚皆参与协助。　②〔晋〕张华《博物志》:"旧说云:天河与海通。近世有人居海渚者,年年八月有浮槎去来,不失期。人有奇志,立飞阁于槎上,多赍粮,乘槎而去,十余日中,犹观星月日辰,自后芒芒忽忽,亦不觉昼夜。去十余日,奄至一处,有城郭状,屋舍甚严。遥望宫中多织妇。见一丈夫牵牛,渚次饮之。牵牛人乃惊问曰:何由至此?此人具说来意,并问此是何处?答曰:君还至蜀郡,访严君平则知之。竟不上岸,因还如期。后至蜀,问君平,曰:某年月日有客星犯牵牛宿。计年月正是此人到天河时也。"唐《艺文类聚》、宋《太平御览》等类书皆录此传说。江沱汉漾:长江、沱江、汉水、漾水。　③《诗经·小雅·大东》:"跂彼织女,终日七襄。"这几句说:我和你各赋一诗,请织女在鸳鸯机上织成锦绣。〔唐〕宋之问《明河篇》:"鸳鸯机上疏萤度,乌鹊桥边一雁飞。"　④赓:续。吾侪:我辈。天放:天生喜欢自然放纵。《庄子·马蹄》"一而不党,命曰天放。"成玄英疏:"党,偏也。命,名也。天,自然也……若有心治物,则乖彼天然。直置放任,则物皆自足,故名曰天放也。"　⑤儿嬉:小儿游戏。乞巧:〔晋〕宗懔《荆楚岁时记》:"是夕,人家妇女结彩缕,穿七孔针,或以金银鍮石为针,陈瓜果于庭中以乞巧。有喜子网于瓜上,则以为符应。"鍮(tōu)石:黄铜矿石。《开元天宝遗事》卷四乞巧楼:"宫中以锦结成楼殿,高百尺,上可以胜数十人。陈以瓜果酒炙,设坐具,以祀牛、女二星。嫔妃各以九孔针、五色线向月穿之,过者为得巧之候。动清商之曲,宴乐达旦,士民之家皆效之。"

【评析】

此词融汇七夕故事传说、民俗风情,饶有趣味,有文化长度,有时空广度。苏轼将唱和双方作者(二苏)也掺入其中,写诗请织女留机织锦,古今人神穿越共乐,富有想象力。下片又有哲理深度,说一切皆如儿戏,人生但放任自然就好。

南歌子

八月十八日观湖潮和苏伯固二首①

海上乘槎侣,仙人萼绿华②。
飞升元不用丹砂③。
住在潮头来处、渺天涯。

雷辊夫差国,云翻海若家④。
坐中安得弄琴牙。
写取余声归向、水仙夸⑤。

南歌子

苒苒中秋过,萧萧两鬓华。
寓身化世一尘沙⑥。
笑看潮来潮去、了生涯。

方士三山路,渔人一叶家⑦。
早知身世两聱牙⑧。
好伴骑鲸公子、赋雄夸⑨。

【注释】

① 元祐五年(1090)八月十八日作于杭州。 ② 槎(chá):木筏。萼绿华是传说中的女仙。陶弘景《真诰》卷一:"萼绿华者,自云是南山人。不知是何山也。女子年可二十上下,青衣,颜色绝整。以升平三年十一月十日夜降杨权。自此往来,一月之中辄六过来耳。云本姓杨,赠此诗一篇,并致火浣布手巾一枚,金玉条脱各一枚。条脱乃太而异精好。神女语权:君慎勿泄我,泄我则彼此获罪。访问此人,云是九嶷山中得道女罗郁也。" ③ 道家传说得道之人羽化成仙曰"飞升"。丹砂:又称朱砂,辰砂。《南史·陶弘景传》:"弘景既得神符秘诀,以为神丹可成,而苦无药物。帝给黄金、朱砂、曾青、雄黄等,后合飞丹,色如霜雪,服之体轻。及帝服飞丹有验,益敬重之。" ④ 雷辊(gǔn):雷声滚

滚。夫差国即春秋时吴国，此泛指吴越之地。海若：《庄子·秋水》中所说的海神名"若"："河伯始旋其面目，望洋向若而叹。"《楚辞·远游》："令海若舞冯夷。" ⑤弄琴牙：弹琴的伯牙。《春秋战国异辞》卷三十一引《乐府解题》："伯牙学琴于成连先生，三年不成，至于精神寂寞，情之专一，尚未能也。成连云：吾师方子春今在东海中，能移人情。乃与伯牙俱往，至蓬莱山，留宿伯牙曰：子居习之，吾将迎师。刺船而去，旬时不返。伯牙近望无人，但闻海水洞滑崩折之声，山林窅冥，群鸟悲号。怆然而叹曰：先生将移我情。乃援琴而歌，曲终，成连回刺船迎之而还。伯牙遂为《水仙操》。" ⑥佛教说在大千世界里，人就像尘埃或沙粒，微小而众多。 ⑦方士即方术之士。道家传说东海有三神山：蓬莱、方丈、瀛洲。渔隐之士以一叶扁舟为家。 ⑧聱（áo）牙：相互抵触，不和谐。有时引申为与人意见不同，不随世俗。"身世两聱牙"即自身与世俗社会不合。 ⑨骑鲸公子：扬雄《羽猎赋》："入洞穴，出苍梧，乘巨鳞，骑鲸鱼，浮彭蠡。"

【评析】

第一首写潮水中有神仙伴侣来去无踪，潮声震撼，却难得伯牙那样的乐师用琴声描绘出来。第二首写潮来潮去的岁月里，每个人都难免老去，飞升成仙是可想而难成的神话。像"我"这样常与人意见不合的人，应该驾一叶扁舟归隐湖山，写点诗词歌赋以慰情怀。然而想归想，真要做到也难。全词构思的方式是真实与虚幻结合，故事与情怀理趣结合，实景与联想结合，快乐与忧思结合。

南歌子①

师唱谁家曲,宗风嗣阿谁②。
借君拍板与门槌③。
我也逢场作戏、莫相疑。

溪女方偷眼,山僧莫眨眉④。
却愁弥勒下生迟⑤。
不见老婆三五、少年时⑥。

【注释】

①元祐五年(1090)作于杭州。胡仔《苕溪渔隐丛话·前集》卷五十七引《冷斋夜话》云:"东坡镇钱塘,无日不在内湖。尝携妓谒大通禅师,愠形于色。东坡作长短句令妓歌之曰:'师唱谁家曲……'。时有僧仲殊在苏州闻而和之曰:'解舞清平乐,如今说向谁。红炉片雪上钳锤,打就金毛狮子、也堪疑。木女明开眼,泥人暗皱眉。蟠桃已是着花迟,不向春风一笑、待何时。'"大通禅师,本名善本,自元丰五年(1082)主持杭州静慈寺务,直到苏轼守杭,二人常有交往。元祐五年八月汴京法云寺法秀禅师圆寂,元祐六年初诏善本进京继任法云寺住持,赐号"大通禅师"。苏轼此词作于善本住持静慈寺时,尚无"大通"之号。后人追叙称"大通禅师"。 ②嗣(sì):继承,接续。宗风、传统

风尚。"师唱谁家曲"是禅悟问答套路——答非所问,能悟者自悟之。《五灯会元》有多条"僧问师唱谁家曲,宗风嗣阿谁"的记载,师答各异,如卷八:师曰"五音六律,问截舌之句"。师曰"雪岭峰前月,镜湖波里明"。师曰"楷师岩畔祥云起,宝寿峰前震法雷"。师曰"忽然行正令,便见下堂阶。" ③拍板,用于击打节奏的乐器。门槌:敲门的木槌。佛教经师唱经时也用拍板或木槌。 ④杜甫《数陪李梓州泛江有女乐在诸舫戏为艳曲二首》:"竟将明媚色,偷眼艳阳天。" ⑤佛教传说弥勒佛阿逸多历经百千万世后,浮世散为虚空,才出生于世间。 ⑥王定保《唐摭言》卷三:"薛监晚年厄于宦途。尝策羸赴朝,值新进士榜下,缀行而出。时进士团所由辈数十人,见逢行李萧条,前导曰:'回避新郎君。'逢鞭然,即遣一介语之曰:'报道莫贫相,阿婆三五少年时,也曾东涂西抹来。'"

【评析】

苏轼携歌女见禅师的故事比较可信,后人传之不疑。[元]陶宗仪《说郛》卷三十四引元怀(鞭然子)《拊掌录》载:"大通禅师者,操律高洁,人非斋沐,不敢登堂。东坡一日挟妙妓谒之,大通愠形于色,公乃作《南柯子》一首令妙妓歌之,大通亦为解颐。公曰:'今日参破老禅矣。'其词云⋯⋯"苏轼对道家和释家哲学很感兴趣,有高深的理解,但他始终不会像信徒那样真诚地信仰而不疑。他生命弥留之际,维琳禅师在其耳边大声提醒:"端明宜勿忘(西方)!"他喃喃回应:"西方不无,但个里着不得。"他只是对宗教哲学的理念和思维智慧感兴趣。他携妓见禅师并非孟浪玩笑,而是与禅师较量智慧,当然也的确有点儿调皮:不是说色即是空吗?那么修养高深的禅师应该目空诸色吧?那就试试好了。禅师见妓而有愠色,说明女色对他尚非空无。禅师省悟了苏轼的用意,很快"解颐",气氛就轻松了。说是"逢场作戏",其实是高端的智慧较量。

贺新郎①

乳燕飞华屋②。

悄无人、桐阴转午,晚凉新浴。

手弄生绡白团扇,扇手一时似玉。

渐困倚、孤眠清熟③。

帘外谁来推绣户,枉教人、梦断瑶台曲④。

又却是,风敲竹⑤。

石榴半吐红巾蹙⑥。

待浮花、浪蕊都尽,伴君幽独⑦。

秾艳一枝细看取,芳心千重似束。

又恐被、秋风惊绿⑧。

若待得君来向此,花前对酒不忍触。

共粉泪,两簌簌⑨。

【注释】

①苏轼于元祐四年(1089)七月到杭州太守任,元祐六年(1091)三月离任。此词或作于杭州太守任内。胡仔《苕溪渔隐丛话·后集》引杨湜《古今词话》:"苏子瞻守钱塘,有官妓秀兰,天性黠慧,善于应对。一日,湖中有宴会,群妓毕集,唯秀兰不至,督之良久方来。问其故,对以沐浴倦睡,忽闻叩门甚急,起而问之,乃乐营将催督也。子瞻已恕之,坐中一倅怒其晚至,诘之不已。时榴花盛开,秀兰折一枝藉手告倅,倅愈怒。子瞻因作《贺新凉》,令歌以送酒,倅怒顿止。"曾季狸《艇斋诗话》说此词是苏轼在杭州万顷寺作,因寺中有榴花树,且是日有歌者昼寝,故有"石榴半吐""孤眠清熟"之语。(关于此词的写作时间和缘起,历来有多种说法,待考)。 ②飞:一本作"栖"。 ③孤眠清熟:一个人安静地睡着了。 ④梦中到了瑶台深处,却被惊醒了。曲:深幽处。 ⑤这两句写失望。李益《竹窗闻风寄苗发司空曙》:"开门复动竹,疑是故人来。" ⑥白居易《题孤山寺山石榴花示诸僧众》:"山榴花似结红巾,容艳新妍占断春。"蘸:形容榴花重叠。 ⑦众芳凋谢,榴花独艳。韩愈《杏花》:"浮花浪蕊镇长有,才开还落瘴雾中。" ⑧秋风季节,石榴树只有绿叶了。 ⑨元稹《连昌宫词》:"风动落花红簌簌。"簌簌(sù),风吹叶落的声音。或形容眼泪簌簌落下。

【评析】

　　这是一首著名的咏物词。咏物之作贵在寄托,将物性与人性打通,咏物抒情。此词以榴花喻美人,重点写美人幽独。这是屈原《离骚》香草美人的象征手法,美人喻君子。而美人幽独,隐喻的是君子怀才不遇,期待知己而不得。上阕的叙事结构极富波澜,转折跌宕,意趣横生。榴花美人非常美艳,却很孤独;做个美梦,却被惊醒;期待知己,却只有失望。下阕索性直抒渴望知己之意,层层深入,从美艳孤独写到芳心千重,时光不待,但知己何在呢?若得真爱,便全情相与。"伴君幽独""共粉泪,两籁籁"之意感人至深。杨湜《古今词话》所载故事与此词吻合度较高,符合苏轼为人处世的风格。

减字木兰花

雪词[①]

云容皓白[②]。
破晓玉英纷似织[③]。
风力无端[④]。
欲学杨花更耐寒[⑤]。

相如未老⑥。

梁苑犹能陪俊少⑦。

莫惹闲愁⑧。

且折江梅上小楼⑨。

【注释】

①邹王《校注》考辨此词元祐六年（1091）二月作于杭州，可信。 ②这句写天地间一片皓白。 ③玉英纷似织：形容雪花纷飞。 ④无端：没来由。 ⑤以杨花和雪花相比。苏轼《少年游·润州作代人寄远》："去年相送，余杭门外，飞雪似杨花。今年春尽，杨花似雪，犹不见还家。" ⑥此以司马相如自比，皆蜀人。 ⑦梁苑：[汉]梁孝王刘武修建，又名梁园、兔园、竹园、东苑。当时名士司马相如、枚乘、邹阳等皆为梁园客。故址大约在今河南省商丘市东南，一说在今开封市东南。《西京杂记》卷二："梁孝王好营宫室苑囿之乐。作曜华之宫，筑兔园，园中有百灵山，山有肤寸石，落猿岩，栖龙岫，又有雁池，池间有鹤洲凫渚。其诸宫观相连延亘数十里，奇果异树瑰禽怪兽毕备。主日与宫人宾客弋钓其中。"《史记·梁孝王世家》："孝王筑东苑，方三百余里，广睢阳城七十里，大治宫室，为复道，自宫连属于平台五十余里，得赐天子旌旗，出从千乘万骑，东西驰猎，拟于天子。"《昭明文选》卷十三谢惠连《雪赋》："岁将暮，时既昏。寒风积，愁云繁。梁王不悦，游于兔园。乃置旨酒，命宾友。召邹生，延枚叟。相如未至，居客之右。俄而微霰零，密雪下。王

乃歌北风于卫诗，咏南山于周雅。授简于司马大夫曰：'抽子秘思，骋子妍辞，侔色揣称，为寡人赋之。'相如于是避席而起，逡巡而揖。曰：'臣闻雪宫建于东国，雪山峙于西域……雪之时义远矣哉！请言其始……践霜雪之交积，怜枝叶之相违。驰遥思于千里，愿接手而同归。'邹阳闻之，懑然心服。有怀妍唱，敬接末曲。于是乃作而赋积雪之歌。歌曰：'携佳人兮披重幄，援绮衾兮坐芳缛。燎薰炉兮炳明烛，酌桂酒兮扬清曲。'又续而为白雪之歌，歌曰：'曲既扬兮酒既陈，朱颜酡兮思自亲。愿低帷以昵枕，念解佩而褫绅。怨年岁之易暮，伤后会之无因。君宁见阶上之白雪，岂鲜耀于阳春。'歌卒，王乃寻绎吟玩，抚览扼腕。顾谓枚叔，起而为乱……" ⑧《宋稗类钞》卷二十三："苏文忠以作诗下狱。自黄州再起，遍历侍从，然其诗为不知者咀味，以为有讥讪。遂出守钱塘。来别文潞公，公曰：'愿君至杭少作诗，恐为不喜者诬谤。'再三言之。"此云"莫惹闲愁"，或即别惹麻烦之意。 ⑨姑且折一枝梅花登楼远望。南朝陆凯《赠范晔》："折花逢驿使，寄与陇头人。江南无所有，聊赠一枝春。"

【评析】

爱雪的苏轼在黄州将居处名为"东坡雪堂"。《东坡志林》卷六："苏子得废园于东坡之胁，筑而垣之，作堂焉，其正曰雪堂。堂以大雪中为，因绘雪于四壁之间……歌曰：雪堂之前后兮春草齐，雪堂之左右兮斜径微……是堂之作也，吾非取雪之势，而取雪之意。吾非逃世之事，而逃世之机……"此番守杭遇雪，欣赏之余，不免又引发心中"雪之意"。他的"雪意"

可能有哪些蕴含呢？名士雅兴？清高自赏？怀才不遇？想念朋友？感慨世事？或许都有吧。冰雪梅花在文士笔下，往往是有寄托有寓意的。

临江仙

送钱穆父①

一别都门三改火，天涯踏尽红尘②。
依然一笑作春温③。
无波真古井，有节是秋筠④。

惆怅孤帆连夜发，送行淡月微云。
尊前不用翠眉颦⑤。
人生如逆旅，我亦是行人⑥。

【注释】

① 元祐六年（1091）春作于杭州。钱穆父，名勰，曾以龙图阁待制权知开封府，元祐三年"坐奏狱空不实"，出知越州（今绍兴）。元祐五年十月徙知瀛州（今河北河间一带）。元祐六年春，钱穆父离越赴瀛途经杭州。正月初七，苏轼与钱穆父、江公

著、柳雍等同游龙井。"改火"与寒食相关。此年清明节是三月十四日,寒食在前两日。钱离杭的确切时间不详。 ②这句说钱三年前离别汴京,一晃就过了三年。"三改火"未必确指三过寒食,因为钱离汴京是在元祐三年九月以后。这里只是用"三改火"概说三年而已。 ③春温:形容君子气质。《论语·子张》:"子夏曰:君子有三变,望之俨然,即之也温,听其言也厉。"《天中记》卷二十四引《琴操》:"大弦者君也,宽和而温。" ④白居易《赠元稹》:"无波古井水,有节秋竹竿。"古井无波不起波澜,比喻人心静如水。竹有节,比喻人有品节操守。筠(yún):坚韧的竹皮,代称竹。 ⑤尊:同"樽",酒器。翠眉:用黛螺描画过的眉。颦:皱眉。宋代官吏宴饮,多有官妓歌舞侑酒。这句表面是劝歌伎不要悲伤,实际是劝慰友人不必哀愁。 ⑥逆旅:客舍。李白《春夜宴从弟桃花园序》:"天地者,万物之逆旅也;光阴者,百代之过客也。"

【评析】

钱穆父比苏轼年长两岁,两位天才惺惺相惜。三年前苏轼在京城翰林学士任上,钱离京守越,苏轼作《西江月》词深情相送,有"我已为君德醉"之语。时隔三年,苏轼也离京外任了。两位太守相逢杭州,苏轼更加赞美老朋友有君子之风,如哲人心静如水,如青竹有品有节。他或许听说自己又将调离杭州了,因而以旷达之语与钱穆父共慰共勉:人生短暂如天地间的过客,不停地行走,往往身不由己,只能随缘自适,随遇而安,不必感伤。

八声甘州

寄参寥子①

有情风、万里卷潮来,无情送潮归②。
问钱塘江上,西兴浦口,几度斜晖③?
不用思量今古,俯仰昔人非④。
谁似东坡老,白首忘机⑤。

记取西湖西畔,正暮山好处,空翠烟霏⑥。
算诗人相得,如我与君稀⑦。
约他年、东还海道,愿谢公、雅志莫相违⑧。
西州路,不应回首,为我沾衣⑨。

【注释】

①元祐六年(1091)三月作于杭州。苏轼《别天竺观音三绝》序云:"以三月九日被旨赴阙。"此词应为离杭州前后寄赠参寥子之作。《渔隐丛话·后集》卷三十九:"东坡别参寥长短句云:有情风……其词石刻后东坡自题云:元祐六年三月六日。"参寥子:《咸淳临安志》卷七十:"道潜,于潜浮溪村人,字参寥,本姓何。幼不茹荤,以童子诵《法华经》,度为比邱。于内外典无所不窥,能文章,尤喜为诗。秦少游与之有支许之契。尝有《临平绝句》云:'风蒲猎猎弄轻柔,欲立蜻蜓不自由。五月临平山

下路，藕花无数满汀洲。'苏轼一见为写而刻诸石。后遇轼于彭城，在座赋诗，援笔立成。轼甚爱之，以书告文同，谓其诗句清绝，与林逋上下，而通于道义，见之令人萧然。轼谪居齐安，道潜不远二千里相从，留期年。遇移汝海，同游庐山，复归于潜山中。轼有《次韵道潜留别诗》。轼守钱塘，卜智果精舍居之。入院分韵赋诗，轼云：'云崖有浅井，玉醴常半寻。遂名参寥泉，可濯幽人襟。'又为作《参寥泉铭》。轼南迁，道潜欲转海访之，轼以书戒止。当路亦捃其诗语，谓有刺讥，得罪返初服。建中靖国初，曾肇在翰苑，言其非辜，诏复祝发。苏辙每称其诗无一点蔬笋气，体制绝似储光羲，非近世诗僧。比崇宁末，归老江湖，既示寂。其法孙法颖以其诗集行于世。道潜尝赐号妙总大师。" ②此写钱塘江潮。"有情……无情"之说耐人寻味，潮本无情，人须有情，而有情与无情，变化无端，其来难以预料，其去难以挽留，皆无奈也。这是拟人笔法，或有寄托。 ③西兴：西陵，在钱塘江南，今杭州市对岸，萧山县治之西。 ④王羲之《兰亭集序》："夫人之相与，俯仰一世，或取诸怀抱，悟言一室之内；或因寄所托，放浪形骸之外。虽趣舍万殊，静躁不同，当其欣于所遇，暂得于己，快然自足，不知老之将至。及其所之既倦，情随事迁，感慨系之矣。向之所欣，俯仰之间，已为陈迹，犹不能不以之兴怀，况修短随化，终期于尽。古人云：死生亦大矣，岂不痛哉。每览昔人兴感之由，若合一契，未尝不临文嗟悼，不能喻之于怀。固知一死生为虚诞，齐彭殇为妄作。后之视今，亦犹今之视昔。" ⑤忘机：忘却世俗的机诈之心。《庄子·天地》："有机械者必有机事，有机事者必有机心。机心存于胸中，则纯白不备,纯白不备,则神生不定,神生不定者,道之所不载也。" ⑥惠洪《冷斋夜话》卷四:"东晋骚人胜士最多,皆无出谢安石之右,烟飞空翠之间,乃携娉婷登临之。"此借指自己与参寥登临观赏西湖山水。 ⑦相得:意趣投合。 ⑧这几句说自己现在虽然奉诏回朝,但还是要和参寥相约,将来一定要像谢安那样归隐,与参寥共享西湖山水之乐。《晋书·谢安传》:"谢安虽受朝寄,然东山之志始末不渝。" ⑨《晋书·谢安传》:太山人羊昙素为谢安所重。谢安过西州门病死之后,羊昙"辍乐弥年,行不由西州路"。这几句安慰参寥子不必像羊昙一样痛哭于西州路。

【评析】

此词表达与参寥子长期契合的志趣和友情。上片先以钱塘江潮比喻人的离合,有情与无情的对比中,凸显对命运的无奈和困惑,因而有"问":这里的夕阳到底见证过多少离别故事呢?人的一生到底会有多少悲欢离合呢?这是人类永恒的困惑,谁也说不清。因而索性不去思量了,最好能超然忘机,使精神得以超脱,从而获得自由。下片追忆与参寥子的往事,抒写友情。"算诗人相得,如我与君稀"是全词核心,借用谢安的故事写自己的情怀志趣,并宽慰友人不要为自己担忧,不要因离别而伤感,我们还会相聚于山水林泉的。

清末词学家郑文焯《手批东坡乐府》说此词如"突兀雪山,卷地而来,真似钱塘江上看潮时,添得此老胸中数万甲兵,是何气象雄且杰!妙在无一字豪宕,无一语险怪,又出以闲逸感喟之情,所谓骨重神寒,不食人间烟火气者。词境至此,观止矣!"

定风波

余昔与张子野、刘孝叔、李公择、陈令举、杨元素会于吴兴。时子野作六客词,其卒章云:"尽道贤人聚吴分。试问。也应旁有老人星。"凡十五年,再过吴兴,而五人者皆已亡矣。时张仲谋与曹子方、刘景文、苏伯固、张秉道为坐客,仲谋请作后六客词①。

月满苕溪照夜堂②。
五星一老斗光芒③。
十五年间真梦里④。
何事?
长庚对月独凄凉⑤。

绿鬓苍颜同一醉⑥。
还是。
六人吟笑水云乡⑦。
宾主谈锋谁得似⑧?
看取。
曹刘今对两苏张⑨。

【注释】

① 此词编年有争议,旧说作于元祐四年(1089)六月赴杭州

太守任时路过湖州时；邹王《校注》认为作于元祐六年（1091）三月离杭赴京路过湖州时。[宋]施宿《东坡先生年谱》下：元祐四年春三月，除龙图阁学士知杭州，四月出京，五月过南京，六月过湖州，会张昌言仲谋等，"此后六客也"。这个时间恰与苏轼此词序云"凡十五年，再过吴兴"相符，因而此词当作于此时。邹王《校注》认为此说有两点可疑：一是张询（即昌言、仲谋）元祐六年二月七日才到湖州任知州。二是李常卒于元祐五年二月二日，苏轼岂能提前一年就说"五人者皆已亡矣"？邹王《校注》乃据夏承焘《张子野年谱》，断此词作于元祐六年三月，苏轼离杭赴京路过湖州时。此词提到"六客"故事：熙宁七年（1074）九月，苏轼与杨绘同离杭州北行，路过湖州时有"六客之会"：张先字子野、刘述字孝叔、李常字公择、陈舜俞字令举、杨绘字元素、苏轼字子瞻（最年轻）会于吴兴（今湖州市吴兴区）。张先作《定风波令》："西阁名臣奉诏行。南床吏部锦衣荣。中有瀛仙宾与主。相遇。平津选首更神清。溪上玉楼同宴喜。欢醉。对堤杯叶惜秋英。尽道贤人聚吴分。试问。也应旁有老人星。"苏轼说"凡十五年，再过吴兴……"若认定苏轼无误，则此词必作于元祐四年（1089）六月。"而五人者皆已亡矣"，考其逝世时间：陈令举1076年、张子野1078年、刘孝叔1081年、杨元素1088年、李公择1090年（苏词若作于1089年6月，李尚在，苏轼可能误以为李"亡矣"）。张仲谋，名询，时守湖州，是"后六客"雅集的东道主。曹子方名辅，号静常，历官提点广南西路刑狱、福建转运使、朝奉郎、守司勋郎中。刘景文，名季孙，当时任两浙兵马都监，驻杭州，苏轼守杭，刘"一见遇以国士，表荐之"。苏伯固,名坚,时监杭州在城商税,是苏轼的下属。张秉道,名弼,杭州人,苏轼屡称之"髯张"。《嘉泰吴兴志》卷一三:"六客堂在湖州府郡圃中……子野为前六客词,子瞻为后六客词,与赓和篇并刻墨妙亭。" ②苕溪:湖州水名,夹岸多苕,秋后花飘水上如飞雪,故名。源出天目山,经湖州入太湖。[唐]罗隐《寄第五尊师》:"苕溪烟月久因循,野鹤衣裘独茧纶。"夜堂:六客聚会地点是湖州府之碧澜堂,后人称六客堂。 ③五星:《周礼·春官·大宗伯》注:东岁星(木)、南荧惑(火)、西大白(金)、北辰星(水)、中央镇星(土)。前六客中"一老"指张先。《晋书·天文志上》:"老人一星在弧南,一曰南极……见则治平,主寿昌。" ④十五年间:熙宁七年(1074)至元祐四年后六客之会已有十五年。 ⑤长庚:《诗·小雅·大东》:"东有启明,西有长庚。"独凄凉:苏轼此以长庚星自比,前六客中五人已逝,只剩一人,故曰"独凄凉"。 ⑥绿鬓:指年轻人。苍颜:指老人。 ⑦还是六人聚会,但五位是新人了。 ⑧谁得似:谁像谁呢? ⑨现场六人的姓氏。

【评析】

苏轼说"凡十五年",语气颇确定。旧地重游,恰巧又是"六客",其中唯苏轼两次都在。人至中年的苏轼不禁感慨万千,最难回避的是人生短暂,必有一死。人类不仅很难把握自己的寿命,也很难把握命运,尤其是仕宦之际遇。上一次苏轼是从杭州通判奉调知密州,这一次赴杭州太守任(或奉调回京)途经湖州,其间经历多多,皆身不由己。所以说"真梦里","独凄凉"。能自主的,只是和朋友们"同一醉"了。苏轼早已习惯了随缘自适,随遇而安。

临江仙

辛未离杭至润别张弼秉道①

我劝髯张归去好,从来自己忘情②。

尘心消尽道心平③。

江南与塞北,何处不堪行。

俎豆庚桑真过矣,凭君说与南荣④。

愿闻吴越报丰登⑤。

君王如有问,结袜赖王生⑥。

【注释】

①元祐六年(1091)四月作于润州(今镇江)。张秉道,名弼,杭州人,苏轼屡称之"髯张"。 ②这两句说"我劝髯张归去",当是张弼从杭州一路护送苏轼经湖州到了润州,苏轼劝他该返回杭州了。归去好:一路保重之意。从来自己忘情:大意是说只顾劝慰别人,其实自己也是依依不舍,更需要"忘情"。 ③尘心:指世俗之心。道心:指悟道之心。这句说对一切事都以平常

心待之吧,江南塞北地奔波,命运而已,哪里去不得呢。 ④《庄子·庚桑楚》说老聃的学生庚桑楚隐居畏垒之山。那里年景好丰收了,村民就认为圣人带来了福祉,因而把他当神灵,供奉俎豆祭拜之。他不高兴,认为一切都是自然现象。学道之人应该无心世事,超然物外,忘情忘俗,一切顺其自然。苏轼守杭遭遇瘟疫和饥荒,他想尽办法抗疫赈灾,又主持兴修水利,修浚西湖,两年多做了很多好事。杭州人感激他,"家有画像,饮食必祝,又作生祠以报"(苏辙《东坡先生墓志铭》等多种传记皆有此记载)。但苏轼对此不以为然,他引用"俎豆庚桑"的典故说明"真过矣",就是太超过了。他觉得任何太守遇到这些灾难都必须尽职尽责。庚桑楚反复告诫弟子南荣趎:"全汝形,抱汝生,无使汝思虑营营。"这样就能由闻道而悟道了。苏轼以南荣趎比况杭州那些感激并崇拜自己的人,拜托张秉道把自己的意思转达他们。 ⑤愿意听到吴越之地传来五谷丰登的消息。 ⑥《汉书·张释之传》载:汉文帝驾崩,景帝即位。廷尉张释之"惧大诛至",修道高人王处士指点他谦卑,从而度过了危机。《汉书·龚遂传》载:遂忠厚刚毅,有大节有智慧,汉宣帝命其平定渤海之乱,他单车赴任,宽厚处理,无为而治。回朝述职之前,下属王生提醒他要归功于皇帝圣明,结果"天子说(悦)其有让"。这几句嘱咐张秉道:及时报告丰收的消息,但若君王问及,切勿言苏轼有功,应该像王生那样称颂皇帝圣明。

【评析】

　　苏轼自小就被父亲告诫做人要低调,不要太露锋芒。妻子、弟弟、朋友们都经常提醒他说话作诗要谨慎，少惹祸。他虽然天性不是这样，却深知应该如此，尤其是"乌台诗案"之后，他吸取教训，并且从更高深的层次上悟得道家的超然哲学和释家的随缘哲学，因而就有了如此这般的谦虚谨慎。他对张秉道的嘱咐有多层含义：送人千里终须一别，要读懂人生之离合。要理解命运，学会随缘自适，"鸿飞那复计东西"。要谦虚谨慎地为人处世，自然而然，本分敬业。这些都是真心话，绝不虚伪，是智者对世事的高深理解，既是嘱咐别人，也是告诫自己。

蝶恋花

离别[①]

春事阑珊芳草歇。
客里风光，又过清明节[②]。
小院黄昏人忆别[③]。落红处处闻啼鴂[④]。

咫尺江山分楚越[⑤]。
目断魂销，应是音尘绝[⑥]。
梦破五更心欲折[⑦]。
角声吹落梅花月[⑧]。

【注释】

①元祐六年（1091）四月作于润州（今镇江）。苏轼守杭二载，此年二月奉诏还京，三月初离杭，途经湖州、德清、吴江、苏州、润州，三四月之交离润州时作此离别吴越之词。 ②阑珊：衰减将尽之意。前两句说清明节后春天即将过去。 ③忆别：各种离别意绪。 ④落红即落花。啼鴂（jué）：又名伯劳鸟，类似杜鹃，鸣声悲凄，容易使人伤感。 ⑤咫（zhǐ）尺江山分楚越：润州处在楚越交界处，江南为古吴越之地，江北属楚地。 ⑥目断魂销：远望空茫，心里没着落，亲友们音讯断绝。 ⑦五更梦醒，情绪很低落。 ⑧报晓的角声响起，梅花凋零，残月依稀。

【评析】

苏轼一生经历过多少离别，这次为何如此伤感消沉？这年正月诏命他升为吏部尚书，二月改为翰林学士承旨。他百般不愿进京，"沿途具辞免状，乞除扬、越、陈、蔡等郡。至阙复上疏自辨乞去。五月除兼侍读。秋七月，累疏乞外……八月除龙图阁学士知颍州"（见［宋］施宿《东坡先生年谱》）。这几年间，朝廷一直有人弹劾苏轼，程颐的门生贾易等人一直在找苏轼的麻烦，指摘他诗语"悖逆"。苏轼烦透了这种无事生非、刻意构陷的风气，他宁愿远离朝廷是非之地。

邹王《校注》于此词编年下云："苏轼守杭期间，发私币为杭人治病，请命于朝乞减免供米，筑堰修井，去葑种菱，疏浚西湖，建南北长堤，作了许多有益于人民的实事。杭州人感激苏轼，后曾'家有画像，饮食必祝，又作生祠以报'。苏轼深爱杭州的山水自然和淳朴人民,今被旨离去,无限眷恋。从杭至润,'春事阑珊''落红处处',但身仍在越地。明日渡江,虽咫尺一水,却楚越分界,别易会难。再回首杭州,则将'目断魂销,应是音尘绝'。念此'愁心欲折',五更难寐,因赋是词。而苏轼此别杭州,果成诀别矣。"

临江仙

夜到扬州席上作①

尊酒何人怀李白,草堂遥指江东②。
珠帘十里卷香风③。
花开又花谢,离恨几千重。

轻舸渡江连夜到,一时惊笑衰容④。
语音犹自带吴侬⑤。
夜阑对酒处,依旧梦魂中⑥。

【注释】

①元祐六年(1091)四月作于扬州。苏轼一生十余次过扬州,此词题云"夜到扬州"是何时呢?邹王《校注》据《宋史·王

存传》,认为这次与苏轼"夜阑对酒"的人是正在扬州太守任上的王存。　②杜甫《春日忆李白》:"……渭北春天树,江东日暮云。何时一樽酒,重与细论文。"这两句以杜甫与李白的友情比况自己和王存。　③杜牧《赠别二首》:"春风十里扬州路,卷上珠帘总不如。"　④苏轼从润州乘船渡江,夜晚可到扬州。老朋友几年不见,惊叹衰老。此时苏轼五十六岁。　⑤王存是润州丹阳人,丹阳属吴地。这句说王存操吴语。　⑥杜甫《羌村三首》其一:"夜阑更秉烛,相对如梦寐。"

【评析】

　　苏轼此番奉诏进京,心中百般不情愿,他对朝堂党争望而生畏,忐忑不安,加上年岁渐老,因而特别易生感慨。离别杭州,情绪就很低落,一路上和朋友重逢又离别,感慨特别多。他常常以前代名士比况自己和朋友,或表达惺惺相惜、珍重相逢之意,或表达人生如梦、转瞬即逝、无奈无助之意。

满江红

怀子由作[①]

清颍东流,愁目断、孤帆明灭[②]。
宦游处、青山白浪、万重千叠[③]。

孤负当年林下意，对床夜雨听萧瑟④。

恨此生、长向别离中，添华发⑤。

一尊酒，黄河侧⑥。

无限事，从头说。

相看恍如昨，许多年月。

衣上旧痕余苦泪，眉间喜气添黄色⑦。

便与君、池上觅残春，花如雪⑧。

【注释】

　　①元祐六年（1091）八月作于从汴京赴颍州途中。苏辙，字子由，时在汴京任门下侍郎。　②颍水源出河南登封县西南，流经禹县，至周口汇贾汝河、沙河，在颍州附近入淮东流。孤帆明灭：船帆时隐时现。　③宦游：人在仕途东奔西走。苏轼《感旧诗》序云："嘉祐中予与子由同举制策，寓居怀远驿，时年二十六，而子由二十三耳。一日秋风起，雨作，中夜翛然，始有感慨离合之意。自尔宦游四方，不相见者十常七八，每夏秋之交风雨作，木落草衰，辄凄然有此感，盖三十年矣。元丰中谪居黄冈，而子由亦贬筠州，尝作诗以记其事。元祐六年予自杭州召还，寓居子由东府数月，复出领汝阴，时予年五十六矣，乃作诗留别子由而去。"　④孤负即辜负。林下意，指相约退出官场，过退隐生活的话。听萧瑟即听雨声。苏辙《逍遥堂会宿二首》序："辙幼从子瞻读书，未尝一日相舍。既壮将游宦四方，读韦

苏州诗至'安知风雨夜，复此对床眠'，恻然感之，乃相约早退为闲居之乐。故子瞻始为凤翔幕府，留诗为别曰：'夜雨何时听萧瑟。'其后子瞻通守余杭，复移守胶西，而辙滞留于淮阳、济南，不见者七年。熙宁十年二月始复会于澶濮之间，相从来徐，留百余日。时宿于逍遥堂，追感前约，为二小诗记之。"　⑤华发：白发。　⑥此时苏辙在汴京（开封）为苏轼饯行。汴京临黄河。　⑦"衣上""苦泪"指谪居岁月：轼谪黄州，辙贬筠州。眉间黄指好兆头。《太平御览》卷三六四引《相书占气杂要》："黄气如带当额横，卿之相也。有卒喜，皆发于色，额上面中，年上，是其候也，黄色最佳。"　⑧花如雪：落花纷纷如雪。

【评析】

此词写兄弟情怀。苏轼苏辙兄弟情深，是人间兄弟之楷模。苏轼二十七岁签判凤翔，兄弟始离别，苏辙从汴京送行至渑池，互有诗篇，苏轼以"雪泥鸿爪"之意嘱弟。苏轼守密州逢中秋节，有《水调歌头》寄子由。守徐州，兄弟各作《水调歌头》寄怀。二人性格不同，苏轼才华横溢却了无城府，不知掩饰戒备。苏辙谨慎稳重细心，善于料理各种事务，包括帮苏轼管理财务。苏辙总是提醒苏轼不要因言惹祸，苏轼当然也明白辙言有理，但他秉性难移，把话憋在心里不说，他往往做不到。此番离杭进京在苏辙府上住了几个月，他实在不想在朝廷供职，频频上书请求外任，终于获知颍州。兄弟又一次离别，此后他们就很少能长时间在一起了，两年后，太后驾崩，哲宗亲政，苏轼谪惠谪儋的命运降临。

木兰花令

次欧公西湖韵[①]

霜余已失长淮阔[②]。
空听潺潺清颖咽[③]。
佳人犹唱醉翁词,四十三年如电抹[④]。

草头秋露流珠滑[⑤]。
三五盈盈还二八[⑥]。
与余同是识翁人,惟有西湖波底月[⑦]。

【注释】

①元祐六年(1091)闰八月,诏命苏轼除龙图阁学士知颍州。苏轼于八月二十二日到任,二十四日游西湖,闻歌者唱欧阳修《木兰花令》,乃次韵。 ②长淮:即淮河,深秋季节河水较少,不像涨水季节河面宽阔。 ③颖水是淮河支流。 ④醉翁词:欧阳修于宋仁宗皇祐元年(1049)出守颍州,晚年退休居颍,所作词如《采桑子》联章组词十首等。此指其《木兰花令》:"西湖南北烟波阔。风里丝簧声韵咽。舞余裙带绿双垂,酒入香腮红一抹。 杯深不觉琉璃滑。贪看六幺花十八。明朝车马各西东,惆怅画桥风与月。"四十三年:欧阳修任颍州太守时作《木兰花令》,至此已过四十三年。东晋十六国时期后秦鸠摩罗什所译

184　　　　　苏轼词编年选注

《金刚经》:"一切有为法,如梦幻泡影。如露亦如电,应作如是观。" ⑤此句亦用《金刚经》人生"如露"意。庾信《奉和赐曹美人》:"月光如粉白,秋露似珠圆。" ⑥十五月盈,十六始缺,喻时光短暂。谢灵运《怨晓月赋》:"昨三五兮既满,今二八兮将缺。" ⑦翁:指欧阳修。颍州(今安徽阜阳)西湖为颍河与诸水汇流处。

【评析】

　　苏轼在杭州词说"钱塘风景古来奇,太守例能诗"。其实,颍州亦当此誉,晏殊、欧阳修、苏轼三代师徒先后知颍州,都留下不少词作。熙宁四年(1071)他赴任杭州通判时,特意绕道颍州看望致仕居颍的恩师欧阳修,老师用《采桑子》联章组词演唱节目招待苏氏兄弟,启发苏轼开启大量写作歌词。此次知颍,第一个心思自然就是怀念恩师。上片写词人泛舟清颍听到"佳人犹唱醉翁词",怎能不触景生情,感慨"四十三年如电抹",恩师早已仙逝。下片因中秋而怀念恩师,说西湖月色像自己一样熟悉欧公。全词亲切温婉,情深意长,饱含着对老师真挚的敬爱和怀念。

减字木兰花

二月十五夜与赵德麟小酌聚星堂①

春庭月午②。

摇荡香醪光欲舞③。

步转回廊。

半落梅花婉娩香④。

轻云薄雾⑤。

总是少年行乐处。

不似秋光⑥。

只与离人照断肠。

【注释】

①元祐七年（1092）正月作于颍州。赵德麟《侯鲭录》："元祐七年正月东坡在汝阴。州堂前梅花大开，月色鲜霁。先生王夫人曰：'春月色胜如秋月色。秋月令人惨凄，春月令人和悦。何如召赵德麟辈来饮此花下。'先生大喜曰：'吾不知子亦能诗耶！此真诗家语耳'。遂召与二欧饮。先生用是语作《减字木兰花》……先生之在颍也，与赵德麟同治西湖。未几有维扬之命。"宋施元之《施注苏诗》于苏诗《复次韵谢赵景贶陈履常见和兼简欧阳叔弼兄弟》之下注曰："赵景贶名令畤，神宗初以承议郎签书判官在东坡颍川幕府。公谓其吏事通敏，文采俊丽，志节端亮，议论英发……既力荐于朝，又为著说，改字德麟。" ②春季的庭院，十五的月亮升至午夜。 ③香醪：指美酒。这句说梅花在月光下摇曳如舞，暗香如酒。 ④婉娩（wǎn wǎn）：形容女子柔顺。《礼记·内则》："女子十年不出，姆教婉娩听从。"郑玄注："婉谓

言语也，娩之言媚也，媚谓容貌也。""半落"句：半开半落的梅花暗香婉娩。　⑤曹植《洛神赋》："其形也，翩若惊鸿，婉若游龙。……髣髴兮若轻云之蔽月，飘飖兮若流风之回雪。"　⑥秋光：秋月。

【评析】

　　离开朝廷，苏轼的心情好了许多，不再忐忑不安，不再心烦朋党倾轧。如愿知颍，他可以怀想恩师的风神故事，可以和朋友"诗酒趁年华"。王夫人感受到先生的心情，居然"亦能诗"了，建议他趁早春月色"召赵德麟辈来饮此花下"。他对夫人感谢且心爱，"步转回廊。半落梅花婉娩香。""婉娩"二字本是形容女性的，苏轼用在这里，是形容梅花呢？还是赞美夫人？或者二者兼有？总之心情真不错，春温到底好过秋凉。

　　这次赏月饮酒的朋友应该有赵德麟、陈师道，欧阳修的两个儿子欧阳棐和欧阳辨。

　　他知颍州仅半年就改知扬州了，这期间他主持治水、救济灾民，尽职尽责。

生查子

送苏伯固①

三度别君来，此别真迟暮②。

白尽老髭须，明日淮南去③。

酒罢月随人，泪湿花如雾④。

后夜逐君还，梦绕湖边路⑤。

【注释】

①元祐七年（1092）八月作于扬州。苏轼于三月十六日到达扬州太守任所，八月以龙图阁学士守兵部尚书差充南郊卤簿使召还汴京。此词当是离扬州时与苏伯固诉别之作。苏伯固，名坚，博学能诗，与苏轼唱和甚多，待人有风义，苏轼守杭州时，是得力下属。 ②三度别君：此前苏轼与苏伯固别于泗上、杭州，这次是第三次离别。此时苏轼五十七岁，故曰"迟暮"。 ③须发斑白，明天将离扬州赴京城。北宋初置淮南路，治所在扬州。 ④月照离人，老眼含泪，如雾里看花。 ⑤此句说明月伴你回吴中故居，我的魂梦也将萦绕西湖，怀想我们曾经共事的地方。

【评析】

守颍不到一年，改守扬州，不到半年，又奉诏还京。这仕途如此多变，苏轼的心情十分不安。朝廷党争频频，他非常厌倦，好不容易争取到外任的机会，不料还是如此动荡难安。其实，颍州和扬州都是他愿意长守之地，但朝廷为何总不让自己安稳一些呢？他刚刚好转起来的心情又忐忑不安起来，因而与苏伯固告别，竟如此伤感，"此别真迟暮……泪湿花如雾"，五十七岁的苏轼仿佛老态龙钟，天性乐观旷达之人，竟然"泪湿花如雾"。他可能预感到命运又将坎坷多难了。

青玉案

和贺方回韵送伯固归吴中故居①

三年枕上吴中路②。

遣黄耳、随君去③。

若到松江呼小渡④。

莫惊鸥鹭，四桥尽是，老子经行处⑤。

辋川图上看春暮⑥。

常记高人右丞句⑦。

作个归期天已许⑧。

春衫犹是，小蛮针线，曾湿西湖雨⑨。

【注释】

①元祐七年（1092）八月作于扬州。［宋］叶梦得《建康集·贺铸传》："贺方回名铸，卫州人，自言唐谏议大夫知章后，故号鉴湖遗老。长七尺，眉目耸拔，面铁色，喜剧谈当世事……

博学强记，尤长于度曲……所为词章既多，往往传播在人口……为泗州通判，悒悒不得志，食宫祠禄，退居吴下，浮沉俗间……自哀其平生所为歌词名《东山乐府》。"贺铸《青玉案》："凌波不过横塘路。但目送、芳尘去。锦瑟华年谁与度。月桥花院，琐窗朱户。只有春知处。　碧云冉冉蘅皋暮。彩笔新题断肠句。试问闲情都几许。一川烟草，满城风絮。梅子黄时雨。"　②苏伯固曾随苏轼在杭州近三年。　③黄耳：即小黄狗，传说可传递书信。这句是希望常通音信。　④苏伯固从扬州向东南回吴中，因而此句说他"若到松江"。松江又称吴淞江、吴江、松陵江、笠泽江，发源于苏州吴江区松陵镇以南太湖瓜泾口，由西向东，穿过江南运河，在上海汇入黄浦江。　⑤四桥：指苏州。傅注东坡词："姑苏有四桥，长为绝景。"　⑥[唐]李肇《唐国史补》："王维好释氏，故字摩诘，立性高致。得宋之问辋川别业，山水胜绝。"王维于蓝田清凉寺壁上曾画《辋川图》。　⑦《旧唐书·王维传》："乾元中迁太子中庶子、中书舍人，复拜给事中，转尚书右丞。维以诗名盛于开元天宝间。"杜甫《解闷》诗之八："不见高人王右丞，蓝田丘壑漫寒藤。"　⑧作个归隐田园的计划，老天已经允许了。　⑨最后几句说苏伯固的春衫是他妻子缝制的，他在杭州时就穿着，现在要回家见女主人了。

【评析】

苏伯固自杭州跟随苏轼，至此已经三年多了。现在苏轼回汴京，伯固回吴中，即将分手。三年间他们经历太多，同理政务，同游山水，唱和诗词，宴饮清谈，友情非同一般。从他们唱和的诗词看，伯固十分敬仰苏轼，苏轼也很尊重并喜欢他。此番分别，除了惜别之外，必然还有来日难料的不安。苏轼特别提到王维，辋川别业那种半官半隐的安定自由的生活，一定也是他们共同的向往。

行香子

寓意①

三入承明②。

四至九卿③。

问书生、何辱何荣。

金张七叶，纨绮貂缨④。

无汗马事，不献赋，不明经⑤。

成都卜肆，寂寞君平⑥。

郑子真、岩谷躬耕⑦。

寒灰炙手，人重人轻⑧。

除竺乾学，得无念，得无名⑨。

【注释】

①元祐七年(1092)三月苏轼到扬州太守任,八月除兵部尚书兼待读等职,九月回朝,除端明殿学士翰林侍读学士充礼部尚书,直至次年九月。在苏轼的生平中,这一年特别多事:总有人弹劾苏轼起草的诏书有"讥斥先朝"之语。苏轼再三上书请求外任越州,都被否定。元祐八年(1093)六月苏轼被命知定州,因夫人王闰之八月去世,暂未成行。九月三日高太后驾崩,哲宗亲政。苏轼将赴定州前求见皇帝被拒绝。苏轼侍读(做皇帝的老师)多年,年轻的哲宗可能很不喜欢苏轼,但苏轼临别还是冒险上疏劝说哲宗不要轻改政令,宜先静观。元祐八年十月苏轼到达定州,次年四月便被贬知岭南。这两首《行香子》可能作于诏知定州之前。 ②汉朝皇宫有承明殿。苏轼三次入朝供职,故曰"三入承明"。 ③四次做到九卿高官。九卿仅次于三公(太尉、司徒、司空)。苏轼在朝廷的官职是翰林学士知制诰、礼部尚书、皇帝侍读等,类似九卿级别。 ④汉代金日䃅、张安世两家七代人为侍中常侍,穿着纨绮貂缨之类的服饰。 ⑤既无汗马功劳,也无文学才华,更无经学修养。 ⑥而有学问的严君平却只能自甘寂寞,在成都街巷里摆摊算卦占卜。 ⑦《汉书》卷七十二:"谷口有郑子真,蜀有严君平,皆修身自保。"郑子真隐居而终。严君平卜筮于成都市,通晓《老子》之学,著书十万余言。 ⑧寒灰炙手:有人贫寒,人微言轻;有人炙手可热,位高权重。 ⑨竺乾:印度的别称。竺乾学指佛学,开导人看破红尘,消除欲念牵挂,消解名利之心。

【评析】

　　这是自嘲之词,说自己三入朝廷供职,官级也属"九卿"之列,但也不断遭受弹劾,荣辱相随,有什么意思呢?想想自古以来,朝堂显贵多有不学无术之辈,有真才实学的人反而常常怀才不遇。释家哲学教人看破名利是很有道理的。这很像是遭受弹劾时的牢骚话。

行香子

述怀①

清夜无尘。
月色如银。
酒斟时、须满十分②。
浮名浮利,虚苦劳神。
叹隙中驹,石中火,梦中身③。

虽抱文章,开口谁亲④。
且陶陶、乐尽天真⑤。
几时归去,作个闲人。
对一张琴,一壶酒,一溪云。

【注释】

①与前首《行香子》写作时间和背景大体相近,应在元祐七年(1092)九月回朝之后至次年六月诏知定州之前。 ②斟酒满杯即十分。[宋]郑獬《觥记注》:"南海出龟同鹤顶杯酒船,以金银为之,内藏风帆十副。酒满一分则一帆举,饮干一分则一帆落。真鬼工也。" ③人生短促,如快马过隙,如击石溅火,如梦中之人。 ④谁是知音呢? ⑤陶陶:无忧无虑单纯快乐的样子。刘伶《酒德颂》:"无思无虑,其乐陶陶。"《庄子·渔父》:"饮酒以乐为主……礼者世俗之所为也,真者所以受于天也,自然不可易也。故圣人法天贵真,不拘于俗。"

【评析】

此篇与前篇呼应,前篇写厌倦仕途,此篇写归隐之乐。此篇以饮酒为话题,演绎《庄子·渔父》要义:闲、乐、真是三层要义,闲在身体行为层面,乐在心情意绪层面,真在精神气质层面。这些都要脱离仕途浮名浮利之困扰才能实现。年近耳顺的苏轼,在又一次贬谪降临之前,已经有足够的心理准备了。

木兰花令

宿造口闻夜雨寄子由才叔①

梧桐叶上三更雨②。

惊破梦魂无觅处。

夜凉枕簟梦知秋,更听寒蛩促机杼③。

梦中历历来时路。

犹在江亭醉歌舞④。

尊前必有问君人,为道别来心与绪⑤。

【注释】

①绍圣元年(1094)八月作于皂口。皂口又名皂口。江西万安县西南六十里有皂口镇,皂口溪水入赣江。苏轼落职责贬知英州,八月七日入赣,过惶恐滩有诗作,十七日过虔州,作《郁孤台》诗"八境见图画,郁孤如旧游。山为翠浪涌,水作玉虹流。日丽崆峒晓,风酣章贡秋。丹青未变叶,鳞甲欲生洲。岚气昏城树,滩声入市楼。烟云侵岭路,草木半炎州。故国千峰外,高台十日留。他年三宿处,准拟系归舟。"苏辙,字子由。才叔,张庭坚,籍广安军,元祐进士,徽宗时官至右正言,《宋史》有传。 ②三更:深夜。温庭筠《更漏子》:"梧桐树,三更雨。不道离情正苦。" ③簟(diàn):竹席。蛩(qióng):蟋蟀,又名促织。机杼:织布机与梭子,这里代指织布。 ④苏轼南迁途中曾到汝州(河南中部,郑州西南)看望苏辙,当时苏辙"罢门下侍郎知汝州"。"犹在江亭醉歌舞"可能指与子由会于汝州时的情景。 ⑤尊:通"樽",即酒杯。这句设想托人问候子由心绪如何。

【评析】

又一轮贬谪漂泊生活开始了。苏轼应该早有心理准备,不仅不觉得意外,也没有什么悲观和不平,他能平静地面对仕途的起落,宠辱不惊了。这首词只是说说与亲友离别的心情,有点孤独,有点伤感,有点思念。梧桐夜雨寒蛩惊梦,都衬托这种情绪。最后一句好像是宽慰子由,也像是宽慰自己:关怀和问候还是有的。

浣溪沙

绍圣元年十月十三日,与程乡令侯晋叔、归善簿谭汲游大云寺,野饮松下,设松黄汤,作此阕。余家近酿酒,名之曰万家春,盖岭南万户酒也。①

罗袜空飞洛浦尘②。
锦袍不见谪仙人③。
携壶藉草亦天真④。

玉粉轻黄千岁药,雪花浮动万家春⑤。
醉归江路野梅新。

【注释】

①绍圣元年（1094）十月作于惠州。苏轼在贬知英州（今广东省英德县）途中，走到安徽当涂又接诏命，"落建昌军司马，贬宁远军节度副使，惠州安置，不得签书公事"。他只好让家眷到阳羡居住，独自带着小儿子苏过赴惠州，冬十月到达惠州，寓居合江楼。侯晋叔：嘉靖《广东通志》卷五六《侯晋叔传》："字德昭，曲江人，登元丰八年进士，为程乡令。与苏轼兄弟往还欵密，家藏二公墨帖甚富。"谭汲事不详，归善簿是其职务。归善县治所在今广东惠阳（今惠城区）东北（1912年改名惠阳县）。大云寺在归善县境内。松黄汤即用松花做的汤。苏辙《次韵毛君烧松花》："饼杂松黄二月天，盘敲松子早霜寒。" ②曹植《洛神赋》："凌波微步，罗袜生尘。"洛浦：洛神所在的洛水之浦。 ③谪仙人：《唐才子传》贺知章见李白诗而叹曰："谪仙人也。"传说李白游采石矶，身着宫锦袍，乘醉入水捉月而死。 ④携壶：杜牧《九日齐山登高》："江涵秋影雁初飞，与客携壶上翠微。"藉草：坐在草地上。孙兴公《游天台山赋》："藉萋萋之纤草，荫落落之长松。" ⑤玉粉：碾成粉末的茶。轻黄：松子。苏轼《十拍子》："玉粉旋烹茶乳，金薤新捣橙香。"这两句说茶乳如雪似玉，松子金黄，饮茶吃松子饮自酿的万家春酒，如服千岁药，有益健康长寿。

【评析】

苏轼甫到惠州，县令和主簿陪同游览大云寺，又饮茶饮酒聊天，想到曹植的《洛神赋》，又想起谪仙李白的故事，那是飘逸轻盈的美丽，是自由狂放的潇洒，也有伤感和遗憾。才子佳人的故事总是人们消遣时的谈资。尽兴而归，带点醉意，走着山路和江边小路，看到梅花绽放，心情很好。季节尚未到梅时，但他已经开始期待冬去春来了。一个"新"字，透露出他并未因贬谪而消沉，而总是期待着新的生活。

西江月

咏梅[1]

马趁香微路远，沙笼月淡烟斜[2]。
渡波清彻映妍华[3]。
倒绿枝寒凤挂[4]。

挂凤寒枝绿倒，华妍映彻清波。
渡斜烟淡月笼沙。
远路微香趁马。

【注释】

[1] 绍圣元年（1094）岁末作于惠州。 [2] 香微：若有若无的淡淡花香。杜牧《泊秦淮》："烟笼寒水月笼沙，夜泊秦淮近酒

家。"③妍(yán)华：此指美丽的梅花。 ④倒绿：即幺凤鸟，亦名倒挂子。[宋]王十朋《东坡诗集注》卷二十五《十一月二十六日松风亭下梅花盛开》题下注："先生以绍圣元年十月三日至惠州寓居嘉祐寺松风亭。"其二《再用前韵》："罗浮山下梅花村，玉雪为骨冰为魂。纷纷初疑月挂树，耿耿独与参横昏……蓬莱宫中花鸟使，绿衣倒挂扶桑暾。"注："岭南珍禽有倒挂子，绿衣红喙，如鹦鹉而小，自海东来，非尘埃中物也。"

【评析】

　　此词当与惠州所作另一首《西江月·梅花》参读："玉骨那愁瘴雾，冰姿自有仙风。海仙时遣探芳丛。倒挂绿毛幺凤。　素面翻嫌粉涴，洗妆不褪唇红。高情已逐晓云空。不与梨花同梦。"以梅花赞美爱妾王朝云。

　　此词是回文体。回文体有多种形式，有上下两句回文，有上下两段回文（如此词），有整首回文（从前读到后，亦可从后逆读到前）。回文体首先是文字智慧游戏，但若作得好，也会具备结构的完整性和内容的层次性。这首词虽然上下片回文重复，但月下水边，梅花绽放，珍禽灵动，骑马赏花人陶醉其间，意境浑成。唯下片"波"字出韵了，正是回文形式所限。

临江仙

惠州改前韵①

九十日春都过了,贪忙何处追游②。
三分春色一分愁③。
雨翻榆荚阵,风转柳花球④。

我与使君皆白首,休夸少年风流⑤。
佳人斜倚合江楼⑥。
水光都眼净,山色总眉愁。

【注释】

① 绍圣二年(1095)暮春作于惠州。"前韵"是指熙宁九年(1076)四月一日在密州邵家园"与成伯、公瑾辈赏藏春馆残花"所作《临江仙》:"九十日春都过了,贪忙何处追游。三分春色一分愁。雨翻榆荚阵,风转柳花球。 阆苑先生须自责,蟠桃动是千秋。不知人世苦厌求。东皇不拘束,肯为使君留。" ② 这两句说一春忙碌,未及踏青赏春,现在春天过去无处追寻了。 ③ 杨元素《本事曲集》载叶道卿《贺圣朝》词有句:"三分春色,一分愁闷,一分风雨。" ④ 榆荚:即榆钱,初春时先于树叶而生,状圆似钱而小,暮春时飘落。这两句写雨打榆荚零落,风吹柳絮成球。这是密州暮春景象,苏轼在惠州应该见不到这样的景象。 ⑤ 使君:指惠州太守詹范,字器之,福建崇安人,绍圣年间任惠州太

守,时兵荒之后野多尸骨,范命敛葬之。苏轼促成此事,还写过《惠州祭枯骨文》。苏轼在《与徐得之书》中说:"詹使君仁厚君子也。极蒙他照管,仍不辍携具来相就。"苏轼诗《和陶贫士七首》之六:"老詹亦白发,相对垂霜蓬。" ⑥佳人:应是泛指。合江楼:作者初至惠州所居,在惠州东门,因东西二江汇合于此得名。

【评析】

　　花甲之年的苏轼清楚地记得二十年前在密州作的《临江仙》。因为又是春夏之交,他就袭用了原作的上片,有点偷懒,连"雨翻榆荚阵,风转柳花球"这样与惠州风景不一致的句子都没改。"贪忙"也应该改一改,因为在密州太守任上"贪忙",在惠州是"不得签书公事"的罪臣。下片写眼前事:两位鬓发皆白的老人,有点志同道合,也有同样的生命感受,又一个春天过去,老人又老了一岁,然而"斜倚合江楼"的心情还是不错的,风景怡人。谪居惠州的苏轼,似乎全然没有苦闷情绪。

蝶恋花

春景①

花褪残红青杏小。

燕子飞时，绿水人家绕。

枝上柳绵吹又少。

天涯何处无芳草。

墙里秋千墙外道。

墙外行人，墙里佳人笑。

笑渐不闻声渐悄。

多情却被无情恼。

【注释】

① 绍圣二年（1095）春作于惠州（存疑）。有些版本无"春景"题目。[明]陶宗仪《说郛》卷八十四引《林下诗谈》："子瞻在惠州与朝云闲坐，时青女初至，落木萧萧，凄然有悲秋之意。命朝云把大白，唱花褪残红。朝云歌喉将啭，泪满衣襟。子瞻诘其故，答曰：'奴所不能歌，是枝上柳绵吹又少，天涯何处无芳草也。'子瞻翻然大笑曰：'是吾政悲秋，而汝又伤春矣。'遂罢。朝云不久抱疾而亡。子瞻终身不复听此词。"（不同版本或作《林下词谈》）若据此说，词当作于惠州。然此说"吾政悲秋"费解。"花褪残红青杏小""枝上柳绵吹又少"正合"春景"题目。柳绵即柳絮。韩偓《寒食日重游李氏园亭有怀》："往年同在莺桥上，见倚朱阑咏柳绵。"《离骚》："何所独无芳草兮，尔何怀乎故宇？"

【评析】

"天涯何处无芳草"是名句,隐喻一种不固执于一端的通达的人生态度,类似"此心安处即吾乡"的思维方式。苏轼一生秉持的生命哲学偏向乐观通达,随遇而安。"多情却被无情恼"也是名句,概括表述人与人之间的各种隔阂,比如多情与无情、有意与无意、你说东我说西等沟通困难的情况。魏庆之《诗人玉屑》卷二引《词话》:"盖行人多情,佳人无情耳,此二字极有理趣。"

殢人娇

赠朝云①

白发苍颜,正是维摩境界②。
空方丈、散花何碍③。
朱唇箸点,更髻鬟生彩④。
这些个,千生万生只在⑤。

好事心肠,着人情态⑥。
闲窗下、敛云凝黛⑦。
明朝端午,待学纫兰为佩⑧。
寻一首好诗,要书裙带⑨。

【注释】

①绍圣二年（1095）或三年（1096）端午节前作于惠州。《东坡全集》卷八十九《朝云墓志铭》："东坡先生侍妾曰朝云，字子霞，姓王氏，钱塘人，敏而好义，事先生二十有三年，忠敬若一。绍圣三年七月壬辰卒于惠州，年三十四。八月庚申葬之丰湖之上、栖禅山寺之东南。生子遯（遁），未期而夭。盖常从比丘尼义冲学佛法，亦粗识大意。且死，诵《金刚经》四句偈以绝。铭曰：浮屠是瞻，伽蓝是依，如汝宿心，惟佛之归。"《东坡全集》卷二十二有《朝云诗并引》："……予家有数妾，四五年相继辞去，独朝云者随予南迁。因读乐天集，戏作此诗。朝云姓王氏，钱塘人，尝有子曰'幹儿'，未期而夭。云：不似杨枝别乐天，恰如通德伴伶玄。阿奴络秀不同老，天女维摩总解禅。经卷药炉新活计，舞衫歌扇旧因缘。丹成逐我三山去，不作巫阳云雨仙。" ②苏轼说自己白发苍颜，达到了佛家清净无欲的境界。《法藏碎金录》卷七："维摩经云，昆耶离大城中有长者名维摩诘，虽为白衣，奉持沙门，清净律行，虽处居家，不着三界，亦有妻子，常修梵行。"维摩诘是与释迦同时的大乘居士，有辩才，善于随机化导，现身说法。 ③此句以维摩诘所居之方丈比喻自己的居处，以散花天女比喻王朝云。 ④朱唇筯（zhù）点：形容朝云的樱桃小口就像一个朱红色圆点。这是古典美女图的标志形象。髻鬟（jì huán）生彩：形容头发式样美丽。 ⑤永远存在。只在：意谓总在，永在。 ⑥这两句说朝云热心助人，情态宜人。着人即近人。 ⑦敛云凝黛：收拢云鬟，凝聚眉头，姿态端庄。 ⑧纫（rèn）兰为佩：编织兰草来佩戴。屈原《离

骚》:"纷吾既有此内美兮,又重之以修能。扈江离与辟芷兮,纫秋兰以为佩。" ⑨待我想出一首好诗来,书写在你的裙带上("好诗"见下《浣溪沙》)。

【评析】

　　此词赞美爱妾朝云。先说自己老了,却有美人朝云陪伴。朝云如散花天女,形貌和心地都美,这些美是永恒的。明天是端午节了,大概她又要祭奠屈原,并且"扈江离与辟芷兮,纫秋兰以为佩"。那么我也得写一首好诗词,写在她的裙带上,共同祭奠屈原。

　　写词赞美自己的爱人,很难把握分寸。不像赞美别人的夫人或爱妾,只须找到亮点写得美丽就行。夸奖自己的爱人,往往要保持分寸,时或稍加调侃,比如将热心肠乐于助人说成"好事心肠"。苏轼比朝云年长二十五岁左右,本就特别怜惜。朝云此时可能体弱,所以字里行间透着宠爱宽慰之意。

　　朝云病逝于绍圣三年七月五日,以常情常理揆之,此词及以下《浣溪沙》二首,似皆作于此年端午前一日,宽慰病人,深寄祈福祛灾之愿。词中"千生万生"等语,隐约透出他对朝云健康状况的不安之感。

浣溪沙

端午①

轻汗微微透碧纨②。
明朝端午浴芳兰③。
流香涨腻满晴川④。

彩线轻缠红玉臂,小符斜挂绿云鬟⑤。
佳人相见一千年⑥。

浣溪沙

端午

入袂轻风不破尘⑦。
玉簪犀璧醉佳辰⑧。
一番红粉为谁新。

团扇只堪题往事,新丝那解系行人⑨。
酒阑滋味似残春⑩。

【注释】

①绍圣二年（1095）或三年（1096）端午节前作于惠州。苏轼于绍圣三年端午节前作《王氏生子致语口号》："人中五日，知织女之暂来……苍梧仙裔，南海贡余……罗浮山下已三春，松笋穿阶昼掩门。太白犹逃水仙洞，紫箫来问玉华君。天容水色聊同夜，发泽肤光自鉴人。万户春风为子寿，坐看沧海起扬尘。"[清]王文诰《苏诗总案》认为题目当为《王氏生日致语口号》。其后学者多从此说，认为这是苏轼为朝云庆生辰而作。若是，则此二词及前《殢人娇·赠朝云》皆当作于端午节前一日。 ②碧纨（wán）：绿色的薄绸衣服。 ③浴芳兰：端午节习俗，用兰花汤水沐浴。《楚辞·九歌·云中君》："浴兰汤兮沐芳。" ④女子梳洗沐浴，染有香粉胭脂的水流入河中。满晴川是夸张的写法。任昉《述异记》卷上："吴故宫亦有香水溪，俗云西施浴处，人呼为脂粉塘，吴王宫人濯妆于此，溪上源至今馨香。" ⑤小符：驱邪祈福的小装饰。 ⑥相传有些情缘千年才遇一次，通常是情人间表达珍惜之意。 ⑦不破尘：无尘。只有清风吹袂。 ⑧玉簪犀璧：都是女性的首饰。佳辰：应指朝云生日恰是端午节。 ⑨团扇：圆形的扇子。堪题往事：可以题写往日的故事。新丝：指柳树的新枝条。那解系行人：柳枝岁岁新绿，它其实并不懂得挽留，只有人类才懂得惜别，或珍重远行，或珍惜岁月。[宋]魏野《柳诗》："映渡临桥绕客亭，丝丝能系别离情。" ⑩酒阑：酒席将终，酒兴已尽。

【评析】

　　给爱妾朝云过生日，心情本应是欢快愉悦的，但前首《蝶人娇》和这两首《浣溪沙》，在赞美之辞背后，总像隐藏着一些不可言说的不安和无奈。"佳人相见一千年"，俗云有些缘分要千年等一回，苏轼说自己和朝云的缘分正属此类。但这样的话，通常是什么时候说呢？颇堪寻味。"只堪题往事"，是说往事太丰富，但为何说"只堪"呢？"那解系行人"是留不住之意，显然无奈。"滋味似残春"是盛筵已过吗？隐喻青春已逝吗？朝云虽然才三十四岁，但此年七月五日病逝，那么此前两个月的端午节，她应是在病中吧？在苏轼关于朝云的诗词文中，都只说她病逝，而不是遽然辞世。那么苏轼此时或许已经意识到这可能是他最后一次给朝云庆生辰了，尽量多说些赞美的话，尽量多一些宽慰，忍不住也提一提千年万年永恒之意。

三部乐

情景①

美人如月②。
乍见掩暮云，更增妍绝③。
算应无恨，安用阴晴圆缺④。
娇甚空只成愁，待下床又懒，未语先咽⑤。

数日不来,落尽一庭红叶⑥。

今朝置酒强起,问为谁减动,一分香雪⑦。
何事散花却病,维摩无疾⑧。
却低眉、惨然不答。唱金缕、一声怨切。
堪折便折。
且惜取、少年花发⑨。

【注释】

①绍圣三年(1096)五六月间作于惠州,时朝云在病中。 ②这句说朝云美丽如月。曹植《洛神赋》:"髣髴兮若轻云之蔽月,飘飖兮若流风之回雪。" ③爱妾名本朝云,此称"暮云",或作者想起初见朝云时方十二岁,现在朝云三十四岁了。这两句故用转折笔法:你虽然不那么年轻了,但更加美丽妍绝。 ④这句反用"人有悲欢离合,月有阴晴圆缺"句意,说咱俩从未分离,何必悲欢圆缺呢? 隐含之意是:月虽无恨,但阴晴圆缺却终难免。进而隐含之意是:美丽如月的朝云,终究也难免生病,人生真是有太多无奈。 ⑤这三句描写病中的朝云,精神和情绪都不太好,脆弱无力。 ⑥这两句说我几天未来看望,庭中落红一片。诗词中"落红"通常隐喻生命凋零。 ⑦这三句说朝云今天早晨勉强从病榻起来,明显消瘦了几分。香雪形容美人脸庞。温庭筠《菩萨蛮》:"小山重叠金明灭,鬓云欲度香腮雪。" ⑧《维摩诘经》说维摩诘有疾,天女为之散花问疾。这两

句称朝云为散花天女,自称维摩,感叹维摩没病,散花天女却病了。参前《殢人娇·赠朝云》"白发苍颜,正是维摩境界。空方丈、散花何碍"。 ⑨［唐］李錡之妾杜秋娘《金缕曲》:"劝君莫惜金缕衣,劝君须惜少年时。有花堪折直须折,莫待无花空折枝。"最后几句借《金缕曲》表达对生命的珍惜和无奈。

【评析】

　　朝云与苏轼相伴二十三年了。苏公老矣,朝云还年轻,可她却病重如此。苏轼无限怜惜却无可奈何。二十多年间,他写过许多词请朝云歌唱,但专门写给朝云的并不多。此时朝云病重,苏轼似乎什么都不想写了,只愿为朝云多写点她喜欢的东西。他如此频繁地写词给她,似乎要把夫妻间几十年的话都说给她听,表达自己对她的怜爱和感激,宽慰和祈祷,希望她稍减病痛,缓解心情。

雨中花慢[①]

嫩脸羞蛾,因甚化作行云,却返巫阳[②]。
但有寒灯孤枕,皓月空床。
长记当初,乍谐云雨,便学鸾凰[③]。
又岂料、正好三春桃李,一夜风霜[④]。

丹青□画,无言无笑,看了漫结愁肠⑤。

襟袖上,犹存残黛,渐减余香⑥。

一自醉中忘了,奈何酒后思量⑦。

算应负你,枕前珠泪,万点千行⑧。

【注释】

①绍圣三年(1096)初秋,朝云病逝后,苏轼悲伤难禁,作此词悼之。　②开头三句说朝云仙逝矣。宋玉《高唐赋》:"昔者楚襄王与宋玉游于云梦之台,望高唐之观,其上独有云气,崒兮直上,忽兮改容,须臾之间,变化无穷。王问玉曰:此何气也?玉对曰:所谓朝云者也。王曰:何谓朝云?玉曰:昔者先王尝游高唐,怠而昼寝,梦见一妇人曰:妾,巫山之女也。为高唐之客。闻君游高唐,愿荐枕席。王因幸之。去而辞曰:妾在巫山之阳,高唐之阻,旦为朝云,暮为行雨,朝朝暮暮,阳台之下。旦朝视之,如言。故为立庙号曰朝云。"　③这三句回忆当年初识,便结夫妻之好。鸾凰:喻夫妻。　④这几句说:没想到你正值青春年华,怎么一夜之间就走了呢?三春桃李:比喻朝云才三十多岁。　⑤依文意,这里缺少的字可能是"虽":虽有丹青画像,但却无法像真人一样有说有笑。面对画像,更加伤感思念。　⑥我的襟袖上还残留着你的气息,只是越来越淡了。　⑦借酒消愁,希望醉后暂时忘却,然而酒醒后更加思念。秦观《虞美人》:"为君沉醉又何妨,只怕酒醒时候断人肠。"　⑧结尾是无尽的遗憾和思念。"负你"的含义很丰富,比如我没照顾好你之类。

【评析】

朝云病逝,苏轼无力回天,白发送青丝。他的三位妻、妾先后离去了。六十多岁的老人独对"寒灯孤枕,皓月空床",满眼遗物,余香尚存,不禁黯然神伤。想借酒醉忘情,可酒醒之后呢?面对朝云画像,更加伤感。最折磨人的是无奈和自责,怎么就没照顾好她呢?

此词铺叙极细密。上阕从朝云的名字说起,借用宋玉《高唐赋》,写仙女归山。然后从回忆初识,到感慨永诀,从物是人非,到无尽思念,一层接一层地叙说,铺叙深细绵密,情感从心底自然流出,又跌宕曲折。

此词铺叙中又有顿挫跌宕。歇拍"又岂料"一顿挫,煞拍"算应负你"又一顿挫,极有冲击力,在生与死的强烈反差中,感人肺腑。

西江月

梅花[①]

玉骨那愁瘴雾,冰姿自有仙风[②]。
海仙时遣探芳丛。
倒挂绿毛幺凤[③]。

素面翻嫌粉涴，洗妆不褪唇红④。

高情已逐晓云空⑤。

不与梨花同梦⑥。

【注释】

① 绍圣三年（1096）冬作于惠州，咏梅花以悼念朝云。 ② 玉骨指梅枝，冰姿形容梅花，皆隐喻朝云。《庄子·逍遥游》："藐姑射之山有神人居焉，肌肤若冰雪，绰约若处子。" ③ 这两句说海上神仙时常派遣绿色小凤鸟来梅花丛中。幺（yāo）凤，小凤鸟。庄季裕《鸡肋编》卷下："东坡在惠州作梅词云：'玉骨那愁……梨花同梦'。广南有绿羽丹嘴禽，其大如雀，状类鹦鹉，栖集皆倒悬于枝上。土人呼为'倒挂子'。而梅花叶四周皆红，故有洗妆之句。二事皆北人所未知者。"苏轼《十一月二十六日松风亭下梅花盛开》其二："蓬莱宫中花鸟使，绿衣倒挂扶桑暾。"自注："岭南珍禽有倒挂子，绿毛，红喙，如鹦鹉而小，自东海来，非尘埃中物也。" ④ 素面指梅花，唇红指梅花瓣边缘红色。皆隐喻朝云。惠洪《冷斋夜话》卷十："岭外梅花与中国异，其花几类桃花之色，而唇红香著。" ⑤ 晓云空：谓朝云已逝。 ⑥［宋］胡仔《苕溪渔隐丛话》前集卷四十一引曾慥《高斋诗话》："'高情已逐晓云空，不与梨花同梦。'后见王昌龄梅诗云：'落落寞寞路不分，梦中唤作梨花云。'方知东坡引用此诗也。"

【评析】

　　王朝云七月病逝。梅季方至,苏轼第一次体会到不能携朝云同赏梅花的孤寂和落寞,因作此词咏梅怀人。人类赋予梅花的文化特质是清雅冷艳脱俗。苏轼此时咏梅别有心事,句句写梅,而句句怀念朝云。朝云与苏轼相伴二十三年,其美丽令苏轼赏心悦目,现在朝云方仙逝,在苏轼的思念中,她的美丽与时光俱增,苏轼的赞美也可以尽情尽意,不必谦虚收敛了。[明] 杨慎《词品》卷二:"古今梅词,以坡仙'绿毛幺凤'为第一。"

西江月

中秋和子由[①]

世事一场大梦,人生几度秋凉[②]。
夜来风叶已鸣廊。
看取眉头鬓上[③]。

酒贱常愁客少,月明多被云妨[④]。
中秋谁与共孤光[⑤]。
把盏凄然北望[⑥]。

【注释】

①绍圣四年(1097)中秋节作于儋州(另有作于黄州、杭州等说法)。苏轼于此年七月二日到达儋州贬所。此时苏辙谪居雷州,中秋夜,兄弟隔海相望。 ②《庄子·齐物论》:"且有大觉,而后知此其大梦也。"李白《春日醉起言志》:"处世若大梦,胡为劳其生。" ③风吹树叶的声音在回廊上鸣响。《淮南子·说山训》:"见一叶落而知岁之将暮。"眉头鬓上白发增多。 ④酒贱暗示生活艰苦,云妨月色隐喻命运坎坷。 ⑤孤光:独在中天的月亮。隐喻孤独之人。 ⑥盏:酒杯。

【评析】

苏轼中秋怀子由的词有多首,此首确实更像晚年居儋情景,惜苏辙词无存。人生如梦是苏轼反复咏叹的话题。释家哲学说人生如梦、如幻、如泡、如影、如露、如电。苏轼不取其虚幻之意,但他认同其如梦如露如电之意,人生与宇宙时空相比,确实短暂,却是实际的存在,只是一一成为过往,如电易逝,如露易挥,而且其来无端,其去难留,无常又无奈。个体生命必将老去,这是人能预料的,但也无奈,只能面对。心情好的时候就快乐地面对,情绪低落时难免孤独。此时他心情不好,主要不是因为仕途坎坷,因为他对此早已习惯并超脱了。他此时的苦闷主要是因为孤独,亲人或已去世,或远隔天涯。二十年前他"但愿人长久,千里共婵娟",然而人长久终究是不可能的,子由正在海峡北岸,也无法相聚,只好"把盏凄然北望"。

千秋岁

次韵少游①

岛边天外②。

未老身先退。

珠泪溅,丹衷碎③。

声摇苍玉佩,色重黄金带④。

一万里,斜阳正与长安对⑤。

道远谁云会⑥。

罪大天能盖。

君命重,臣节在⑦。

新恩犹可觊,旧学终难改⑧。

吾已矣,乘桴且恁浮于海⑨。

【注释】

① 元符二年(1099)作于儋州。秦观《千秋岁》(水边沙外)大约作于绍圣四年(1097):"柳边沙外。城郭轻寒退。花影乱,莺声碎。飘零疏酒盏,离别宽衣带。人不见,碧云暮合空相对。　忆昔西池会。鸳鹭同飞盖。携手处,今谁在。日边清梦断,镜里朱颜改。春去也,落红万点愁如海。"这年春天他从湖

南郴州赴广西横州,途经衡阳时书赠孔平仲,孔觉得其情调过于低沉,乃步韵和词。后来秦观将自己的词和孔平仲和词一并寄给在儋州的苏轼,苏乃步韵和之。 ②苏轼时在海南岛儋州,故言"岛边天外"。 ③丹衷碎:丹心已碎。丹心通常指忠君爱国之心。 ④这两句回忆元祐初苏门盛于京城。苍玉佩、黄金带指朝廷命官的衣着佩饰。《礼记·玉藻》:"天子佩白玉而玄组绶,公侯佩山玄玉而朱组绶,大夫佩水苍玉而纯组绶。" ⑤苏轼居海南,距京城甚远,故云万里。长安,此借指北宋京都。 ⑥这句表面说自己与秦观相隔路远,很难会面。但"会"也有"理解"之义。"罪大天能盖"其实是在质疑"元祐党人"之罪到底该如何理会呢? ⑦不管怎么理解,总归是臣子须谨遵君命。 ⑧君王或有"新恩",我的旧学终难改变了。觊(jì):希望。 ⑨吾已矣:我老了,一切都算了吧,不说了。《论语·公冶长》载孔子曰:"道不行,乘桴浮于海。"桴(fú):小筏子。恁(rèn):这样。

【评析】

秦观《千秋岁》中抚今追昔的伤感情绪引起苏轼的许多共鸣。但秦词过于哀怨愁苦。王水照先生说:"这首和词是苏轼对秦、孔贬谪态度的一种反响、异议和诲导,也是他晚年历经磨难的政治自白,更是他一生人生思考的最后结晶……词中依然有对京城的眷恋,对'君命''臣节'神圣性的崇奉,但其重点已落在'旧学终难改',为坚持自己初衷而甚至不惜浮海远去,超越政治……肯定独立人格,顽强地追求自我价值的实现……对整个社会和政治,交织着抗争和超越……标志着贬谪心态的最高层次。"(王水照《"苏门"诸公贬谪心态的缩影——论秦观〈千秋岁〉及苏轼等和韵词》(原刊《中华国学》创刊号,1989年6月,又见王水照《苏轼研究》,河北教育出版社1999年5月第1版第112—128页)